Mit seinem neuen Buch lädt Ernst Batta dazu ein, sich Rom auf eine ungewöhnliche Weise zu nähern – über die »schillernde Faszination« der römischen Paläste und Villen. Dabei steht nicht so sehr die Architektur im Vordergrund, nicht ihre kunsthistorische Würdigung, sondern vielmehr die Lebens- und Wirkungsgeschichte ihrer einstmals so großmächtigen Bauherren und deren Nachfolger, der Fürsten, Kardinäle und Päpste, der gekrönten wie der ungekrönten Häupter, die Rom prägten wie zuvor nur noch die römischen Kaiser der Antike. Ihnen geht der Autor nach, und er kommt dabei zu oft erstaunlichen Einsichten. Er erzählt von ihren politischen Machenschaften, von ihrem immensen Reichtum, von Festen und Gelagen, von ihren Taten und Untaten und immer wieder von ihrer Besessenheit zu herrschen – zumindest über Rom.

Im schlaglichtartigen Wechsel von Ort und Zeit, gleich einem filmischen Szenarium, wird dabei auf spannende Weise ein farbiges Stück Geschichte dieser Stadt und ihrer Kultur deutlich.

Ein »Rom-Führer« von ganz eigener Art.

Von Ernst Batta, dem vielfach ausgezeichneten Fernsehautor und Regisseur zahlreicher Kultursendungen, erschien im Insel Verlag bisher »Obelisken – Ägyptische Obelisken und ihre Geschichte in Rom« – insel taschenbuch 765.

insel taschenbuch 1324

Ernst Batta

Römische Paläste und Villen

RÖMISCHE PALÄSTE UND VILLEN

Annäherung an eine Stadt
Mit zahlreichen Abbildungen

Von Ernst Batta

Insel Verlag

insel taschenbuch 1324
Erste Auflage 1992
Originalausgabe

Vertrieb durch den Suhrkamp Taschenbuch Verlag
Umschlag nach Entwürfen von Willy Fleckhaus
Satz: MZ-Verlagsdruckerei GmbH, Memmingen
Druck: Nomos Verlagsgesellschaft, Baden-Baden
Printed in Germany

1 2 3 4 5 6 – 97 96 95 94 93 92

RÖMISCHE PALÄSTE UND VILLEN

Annäherung an eine Stadt

INHALT

Rom. Blick vom Gianicolo.

Sed bellissimum Romae
Roma est!

Für Grete

Rom im Glanz seiner Paläste! »Jubelruf in Stein!« In ihrer schillernden Faszination prägen sie das Bild der Ewigen Stadt bis auf den heutigen Tag. Allein um die fünfzig finden sich im Inneren der Stadt. Insgesamt sind es etwa an die zweihundert. Die meisten stammen aus der Zeit der Renaissance und des Barock.

»Die Entdeckung der Welt und des Menschen« hatte Jacob Burckhardt die Renaissance genannt, in der auf dem alten Marsfeld – im kaiserlichen Rom einst der Exerzierplatz der Legionen – eine neue Stadt entstand. Das Mittelalter war überwunden, die gewaltsamen Auseinandersetzungen zwischen den adeligen Familien um die Herrschaft über die Stadt gehörten nach Rückkehr der Päpste aus Avignon der Vergangenheit an. Anstelle der bis dahin üblichen Festungs- und Wehrbauten entstanden die ersten Wohnpaläste, die sich nach und nach zu weitläufigen, luxuriösen Repräsentationsbauten entwickelten. Einer der frühesten dieser Art ist der 1455 begonnene Palazzo Venezia, der zeitweilig auch als Papstresidenz diente und der, »centro urbis« gelegen, im Mittelpunkt des römischen Karnevals stand. Als der »edelste« Palazzo der Stadt galt die Cancelleria, deren Baumeister dennoch weitgehend unbekannt blieb, als der »vollkommenste« der aus Quadersteinen des Kolosseums und des Marcellus-Theaters gebaute Palazzo Farnese, für den während seiner sechzigjährigen Bauzeit Pasquino um »milde Gaben« bei den Römern einkam.

Kolossalen Umfang nahmen die aus dem Formenschatz der Spätrenaissance entstehenden Barockpaläste an, der Palazzo der Barberini, Borghese, Odescalchi, Aldobrandini – aufs glanzvollste ausgestattet durch die größten Künstler ihrer Zeit, waren sie Schauplätze rauschender Feste und legendärer Gastmähler. Ihre Baumeister: Borromini, Maderna, Rainaldi und im besonderen Maße Bernini, der mit seinem Genius Rom prägte, »als ob er der Herr der Welt wäre«.

Die vor den Toren der Stadt entstehenden Villen mit ihren weitläufigen Gärten, mit Brunnen und Wasserspielen, Säulen und Statuen all' antica gerieten nicht weniger prächtig, sie standen den Palästen nicht nach: die von Raffael ausgestaltete Farnesina etwa, die Villa Madama auf dem Monte Mario, die Villa Giulia des Julius III. – »im vollen Glanz des Sonnenlichts, die Eifersucht von Jupiter selbst herausfordernd«, wie der Dichter Statius einst den Palast des Domitian auf dem Palatin pries, auf den der Begriff »Palazzo« im übrigen zurückgeführt wird.

Die Nachkommen der einstigen Bauherrn, deren Namen für die großen Familien Roms stehen, sind durchaus noch unter uns, die Massimo, die Colonna, die Torlonia, die Orsini, die Odescalchi – man kann ihnen in Rom begegnen. Sie gehen ihrer Arbeit nach, mehr oder weniger und ganz nach Vermögenslage. Manche sind verarmt, andere verfügen weiterhin oder wiederum über riesige Vermögen, Paläste und Villen inbegriffen. Verwandt oder versippt mit reichen europäischen Adels- und Fürstenhäusern, leben sie, wenn

nicht in Rom, so in Südamerika oder sonstwo auf der Welt.
Viele der Paläste präsentieren sich wieder im alten Glanz, wenn auch oftmals zweckentfremdet: Banken, Kinos und Museen haben sich in ihnen niedergelassen. Einige der schönsten hat der Staat für sich reserviert, für seine »Diener«.
Das Wort »Palazzo« steht in Rom stellvertretend für »die Regierung« und hat in dieser Hinsicht keinen guten Klang. Nach fünfzig Nachkriegsregierungen – die kürzeste betrug neun Tage, der Durchschnitt liegt bei etwa elf Monaten – halten sich Erwartung und Respekt der Römer gegenüber ihrer Regierung in Grenzen. Der Palazzo Chigi, entstanden um 1570, ist heute Amtssitz des italienischen Ministerpräsidenten. Er ist verbunden mit dem Palazzo Montecitorio, dem Sitz des italienischen Parlaments, das mit ca. neunhundertfünfzig Parlamentariern doppelt so stark besetzt ist wie das der Vereinigten Staaten. Auf dem Quirinal, jahrhundertelang Domizil der Päpste, wechselt heute der Hausherr, der italienische Staatspräsident, alle sieben Jahre. Vor ihm, zur Zeit des »geeinten Königreichs«, residierten hier bereits die italienischen Könige. 1871 verließ der letzte Papst den Quirinal-Palast und zog sich grollend in den Vatikan zurück, als dessen »Gefangener« er sich fortan betrachtete. Das neue, unabhängige Rom stellte ihm nahe der Engelsburg, gleichsam vor die Haustüre, den riesigen Palazzo di Giustizia, der nachdrücklich dokumentierte, wer Herr im Hause war.
Die Geschichte der römischen Paläste und Villen, die

ihrer Entstehung wie die ihrer Nutzung, spiegelt ein gutes Stück der Geschichte Roms wider. Ihre einstmals so mächtigen Bauherrn waren immer auch die Mächtigen der Stadt. Was in Rom geschah, bahnte sich hinter den Mauern ihrer Paläste an, nahm von hier seinen Anfang. Mit ihren Namen ist diese Stadt unauflöslich verbunden. Ihnen soll denn auch im besonderen unser Interesse gelten. In der Fülle der Erinnerungen zeigt sich eine faszinierende Geisterschar, umgetrieben von der Lust des Lebens, der Wollust auch, der Liebe und der Leidenschaften, der Intrige, der Habgier, der Macht.

Roma aeterna! Heimat allen Lasters! Und mehr: »Das Schöne ist nichts als des Schrecklichen Anfang«, schrieb einst Rilke – eine sublime Anmerkung des Dichters und Rom-Kenners, die sich in der Ewigen Stadt oft genug bestätigt fand, in dieser gewaltsamen, wunderbaren Stadt.

E.B.

». . . Jubelruf in Stein', ach Quatsch! – ›Ewiges Rom‹?; na, die Stadt jetzt ist das beste Beispiel dafür, daß die Ewigkeit auch verrottet ist und nichts ewig dauert. – Rom ist, das habe ich schnell begriffen, eine Toten-Stadt; vollgestopft mit Särgen und Zerfall und Gräbern, wie kann man da von Ewigkeit faseln?« Rolf Dieter Brinkmann

»Der Anblick der Örtlichkeiten, von denen wir wissen, daß sie einst von bedeutsamen Personen bewohnt waren, bewegt uns mehr als die Geschichte ihrer Abenteuer oder die Lektüre ihrer Werke.« Montaigne

»Was, diese Blutsuppe schmeckt Ihnen nicht?
Dieser hehre historische Schichtkäse?« Peter Rühmkorf

I. DER PINCIO

Villa Malta
Palazzo Zuccari
Villa Medici
Villa Borghese
mit Palazzo Borghese am Tiber
Palazzo Margherita
Villa Giulia

». . . hier haben zwei Könige ihre Wohnung. Und wo liegen diese Schlösser? Sieh, dort links, das schmalste Haus von allen, zwischen ärmlichen Häusern eingeklemmt und selbst ebenso arm . . .« Hans Christian Andersen

». . . alwo zu Beeden seithen die ganze Wänd mit kostbarer Credenz, so meistens alles von purem Gold, und künstlich verfaßtem Porcelan Geschirr bestanden, ausspalieret . . .«
Karl Albrecht von Bayern

Wenn man auf der obersten Stufe der [Spanischen] Treppe an dem gemauerten Geländer steht, hat man eine Aussicht über das halbe Rom mit seinen Türmen und Kuppeln; aber diesen Anblick wollen wir noch nicht genießen. Wir folgen der Straße, die vor uns liegt, es ist die Via Felice [Via Sistina], hier haben zwei Könige ihre Wohnung. Und wo liegen diese Schlösser? Sieh, dort links, das schmalste Haus *Villa Malta* von allen, zwischen ärmlichen Häusern eingeklemmt und selbst ebenso arm; zwei Fenster ohne Scheiben, nur eiserne Stangen davor, eine Tür mit einem Klopfer und der Inschrift Villa Malta. Dies ist der römische Palast des Königs von Bayern. Gehen wir hinein – ja, da ist der ärmliche Eingang bald vergessen, wir stehen in einem prächtigen Garten, wo große Lorbeerhecken die Wege einfassen; die Pinien erheben ihren grünen Schirm um die kleine Wohnung, von der man über die Stadt auf den sieben Hügeln bis zu den blauen Sabiner- und Albanerbergen sehen kann.

Die Wohnung des zweiten Königs befindet sich auf der rechten Seite und scheint einem Palast schon ähnlicher, obgleich die Fenster ein bißchen unregelmäßig sitzen. Ein dunkler Gang mit steinerner Treppe führt zu den Zimmern, deren Fußboden nur aus Backsteinen besteht, die Wände aber prangen von herrlichen Bildern.

Hier wohnt Thorvaldsen.«

Hans Christian Andersen

Der große Thorvaldsen. Vierzig Jahre lebte und arbeitete er in Rom. Mit Canova galt er als der berühmteste Bildhauer seiner Zeit. Als er sich im Alter entschloß, in seine Heimat zurückzukehren, seinen »Palast« in der Via Sistina zu verlassen, schickte ihm sein Souverän ein Kriegsschiff, damit er und seine Sammlungen unbeschadet die Heimat erreichten. Hunderte von flaggengeschmückten Booten kamen Thorvaldsen im Hafen von Kopenhagen zur Begrüßung entgegen. Ein großer Sohn kehrte heim, ein König, dem die Welt Respekt bezeugte.

Auch Ludwig I., König von Bayern, wohnte vierzig Jahre in seinem Palast, in der Villa Malta.

Ein König, der von einem starken »Teutschland« träumte und der seine bäuerliche Residenzstadt in eine italienische Traum-Kulisse zu verwandeln gedachte;

Franz Graf v. Pocci, Villa Malta von der Porta Pinciana aus gesehen.

ein Mann, der seiner Zeit Toleranz und Liberalität entgegenbrachte, aber auch ein »sittenloser Schwärmer«, der sechzigjährig einer tanzenden Hochstaplerin verfiel und nicht zuletzt ihretwegen abtreten mußte (1848), ein König, der seinen Untertanen viel zugemutet hatte, zuviel, wie sich erwies. »Wer ko, der ko«, hatte der Pferdehändler Franz Xaver Krenkl bereits dem jungvermählten Prinzenpaar auf der »Wiesen« zugeraunzt und war an der königlichen Karosse mit seiner sechsspännigen Pferdekutsche einfach vorbeigerauscht – einer Majestätsbeleidigung gleich. Ludwig I., ein König im Widerspruch, verlassen im Alter, bitter, trotzig.

Die Villa Malta hat ihren Namen nach dem souveränen Malteserorden, ein Orden mit einer großen Geschichte, deren Wurzeln bis in die Zeit der Kreuzfahrer reichen. Heute widmet er sich hauptsächlich der Krankenpflege und der sozialen Arbeit. Sein voller Name: »Souveräner Ritterorden vom Hospital des hl. Johannes zu Jerusalem, genannt von Rhodos, genannt von Malta«. Der Sitz ihres Großmeisters in Rom ist seit 1834 die Villa Malta an der Piazza dei Cavalieri, von wo aus man den berühmten Schlüsselloch-Blick auf die Kuppel von St. Peter hat. Die Villa auf dem Pincio dagegen, an der Via Francesco Crispi, war der Sitz der Botschafter des Ordens, nicht sonderlich komfortabel, aber doch recht stimmungsvoll. Sie hatte einen romantischen Blumen- und Küchengarten und entschädigte die Botschafter im übrigen mit einem grandiosen Blick vom Turm aus bis weit in die Albaner Berge.

Franz Graf v. Pocci, Villa Malta vom Garten aus gesehen.

1818 steht die Villa zum Verkauf. Sie wird dem bayerischen Kronprinzen Ludwig I. angeboten, der sich auf einer Rückreise von Sizilien mit seinem Gefolge hier einquartiert hatte. Doch Ludwig winkt ab: »Viel zu theuer für einen eine Glyptothek bauenden Prinzen«. Statt seiner erwirbt Nikolas Byström die Villa, ein schwedischer Bildhauer. Mehrere Werkstätten und Ateliers entstehen sowie zwei Säle und eine Anzahl von Wohnräumen. Durch den Zukauf von zwei benachbarten Grundstücken verschafft Byström der Villa außerdem einen Zugang auch von der Via Sistina her.

Knapp zehn Jahre später (1827) steht dann die Villa Malta erneut zum Verkauf. Und nun greift Ludwig, inzwischen König von Bayern, zu, obwohl der Kaufpreis wesentlich höher liegt als zuvor: 25000 Scudi einschließlich des Mobiliars. Zehn Mietparteien hatten sich inzwischen in der Villa niedergelassen, doch störte dies den König nicht. Er ließ alles, wie es war, nämlich »einfach, ländlich, romantisch« und behielt sich lediglich den Turm zur eigenen Wohnung vor. Und damit war der bayerische König der erste Souverän, der in Rom ein eigenes Domizil besaß. »Giardino di Malta, meine eigenthümlich mir gehörende Wohnung in Rom, wie wert bist Du mir, liebes Asyl, wo endlich den Menschen findet der König auf's neu, welchen daheim er verlor«, notierte der sich in der Poesie versuchende König. Und glücklich schreibt er 1829 an Goethe: »Einheimisch bin ich, genieße mit Ruhe. Von des Thrones Kette habe ich mich für einige Zeit befreit, lebe als Privatmann glücklich; Künstler sind meine Tischgäste.«

Niemand hätte dies besser verstehen können als der alte Goethe, der um diese Zeit im tristen Weimar seinen römischen Erinnerungen nachhing. 1786 war er nach Rom gekommen, durch das barocke Tor an der Piazza del Popolo, durch die »architektonische Einleitung zu den Herrlichkeiten und den Wundern Roms«. Der Pincio mit seinen Gärten, der Spanischen Treppe, der Via Sistina, wo Thorvaldsen lebte, Piranesi, Raphael Mengs, der Freund und Vertraute des großen Winckelmann, Angelika Kauffmann – ihre Gartenmauer grenzte direkt an den »Giardino di Malta«, dort, wo jetzt die Dattelpalmen standen, die er, Goethe, seinerzeit selbst aus Kernen gezogen hatte –, all dies war ihm ja gegenwärtig, war ja auch sein Arkadien.

Im Salon der Angelika Kauffmann, einer begabten Malerin und »eine der kultiviertesten Frauen Europas«, wie Herder rühmte, waren »Iphigenie« und »Egmont« vorgelesen und besprochen worden. Angelika Kauffmann hatte zu beiden Werken Illustrationen entworfen. »Dein Weg ist der des Dichters«, hatte sie zu dem Maler Philipp Möller, wie Goethe sich dazumal in Rom nannte, gesagt, »nicht, wie du manchmal glaubst, der des Künstlers.« Und Goethe hatte sich diese Einschätzung zu eigen gemacht: »Von meinem Aufenthalt in Rom werde ich den Vorteil haben, daß ich auf das Ausüben der bildenden Kunst Verzicht thue.«

Ob sich beide näherstanden als erlaubt – Angelika Kauffmann war mit dem Maler Antonio Zucchi verheiratet, doch dürfte es Goethe nicht entgangen sein, daß diese Ehe nicht in Ordnung war –, weiß man nicht. Hier darf gerätselt werden. Als er 1788 Rom verläßt, schreibt sie ihm nach: »Lieber Freund! Ihr Abschied von uns durchdrang mir Herz und Seele, der Tag Ihrer Abreise war einer der traurigsten meines Lebens.«

Angelika Kauffmann, Selbstbildnis. 1784.

Angelika Kauffmann, die »Mutter der Künstler und der Künste«, stirbt im Jahre 1807, zutiefst betrauert von zahlreichen Freunden und Verehrern. Dem Begräbniszug durch Rom wird ihre Hand vorausgetragen, auf einem schwarzen Kissen ruhend – von Thorvaldsen modelliert. Das Deutsche Museum in München bewahrt noch einige der von ihr benutzten Farben auf, Trockenfarben, die mit Öl anzumachen sind.

Zwei Jahre zuvor kommt Ludwig I. zum erstenmal nach Rom. Der Kronprinz ist Gast bei Wilhelm von Humboldt, der in den Jahren 1801 bis 1808 als preußischer Gesandter in der Villa Malta residiert. Gut zwanzig Jahre später wird Ludwig diese Villa kaufen, seine ihm dann »eigenthümlich gehörende Wohnung in Rom«. Ludwig ist auf einer »Grand Tour«, auf einer der damals so beliebten Bildungsreisen. Sein Vater hatte sie ihm empfohlen – was Folgen haben sollte. Italien wird das Land seiner großen Liebe werden, seiner Sehnsucht, insbesondere Rom. Die italienische Kunst fasziniert ihn, vor allem die Klassik. Eine romantische Gesinnung entwickelt sich, die ohnegleichen ist und die ein Leben lang andauern sollte. Immer wieder wird ihn der Weg in den Süden führen, wo »das Leben ein seliger, stetiger Genuß ist«, wie er in sein Tagebuch schreibt, derweil bei seinen fernen »Unterthanen« in München (das Wort »Staatsbürger« mochte er nicht) ob der häufigen Abwesenheit Ludwigs ein Stoßgebet besonderer Art kursierte: »Vater unser, der du bist in Italien und Sizilien, nur nicht in deinem Lande, verflucht sei dein Name im Himmel und auf Erden ... erlöse uns von dem Übel, von deiner Person sobald als möglich.« Doch kann dies Ludwig nicht erschüttern, er hat ehrgeizige Pläne für seine Stadt, die eine Weltstadt werden soll, eine Kunst-Weltstadt. Und außerdem – sein Leibarzt, Dr. Ringseis, hatte ihm dringend zur milden Mittelmeerluft geraten, war er doch etwas schwach auf der Lunge.

Ludwig kauft in Rom (und nicht nur in Rom) für München, was gut und teuer ist, soweit es ihm vom klassischen Geist geprägt erscheint, Statuen, Gemälde, Porzellane, ganze Sammlungen – »Das schönste Kaufbare zu erwerben, ist mein Wille!« Umtriebig rangiert er die römische Künstlerszene, hier besonders die »teut-

Friedrich Overbeck, Italia und Germania. 1828.

sche«, die Nazarener, eine gleichaltrige Künstlergemeinschaft, für die er sich begeistert. Da sind Cornelius, Overbeck, Schnorr von Carolsfeld, Fohr, die Brüder Veit, die er fördert und ermuntert und die ihrerseits von dem »schönen Verhältnis zwischen einem teuren Prinzen und einer wackeren Malerschar« schwärmen. »Wäre es auf uns angekommen, wir hätten den Prinzen zum König von Rom gemacht und die Italiener zum Tempel hinausgejagt.« Ein bekanntes Bild der Nazarener, ein Hauptwerk, gemalt von Overbeck, ist heute in der Neuen Pinakothek in München zu sehen: »Italia und Germania«: Maria, die altdeutsche Gesinnung personifizierend, neben Sulamith, die für die Kunst der Nazarener steht, die Kunst des Raffael,

Franz Ludwig Catel, Kronprinz Ludwig von Bayern in der spanischen Weinschenke an der Via Ripetta.

im Wechselspiel von »Gleichklang und Anderssein«. Ebenfalls in der Neuen Pinakothek findet sich ein Bild des Franz Ludwig Catel, das Ludwig inmitten seiner Getreuen in einer Weinschenke an der alten Via Ripetta zeigt. »Königliche Hoheit hatten gnädigst zum Abschied des Herrn von Klenze ein kleines Dejeuner auf Ripa Grande beim Don Raffaele veranstaltet und trug mir auf, diese Szene durch meinen Pinsel zu verewigen ... Dargestellt sind von links nach rechts: Der Wirt, Kronprinz Ludwig, Thorvaldsen, Leo von Klenze, Graf Seinsheim, Johann Martin

Wagner, Julius Schnorr von Carolsfeld, Baron Gumppenberg. Durch die offene Tür sieht man den Aventin jenseits des Tibers ...«

Vom »Abgott aller deutschen Künstler, dessen Hauptleidenschaft schöne Künste und schöne Damen sind«, berichtet D.A. Atterbom, ein schwedischer Zeitgenosse, der Ludwig auf einem der so beliebten Künstlerfeste in Rom traf, nahe des Giardino di Malta: »Nach der Tafel eröffnete der Kronprinz den Ball und tanzte mit allen anwesenden jungen deutschen Damen sowie mit den Künstlerfrauen, welche sämtlich Italienerinnen und größtenteils jung und schön sind. Hier sah ich zum ersten Male die schönen und naiven Volkstänze Saltarella und Lavandarina, die auch von den deutschen Damen (Fräulein von Humboldt und anderen) mit viel Anmut und Geschicklichkeit getanzt wurden, aber weit gegen die Ausführung der Römerinnen zurückstanden, wie dies ja mit der Nachahmung gegenüber dem Ursprünglichen nicht anders sein kann. Besonders sah eine kleine, modellschöne Signora, die mit einem Berliner Landschaftsmaler verheiratet ist, gleichzeitig so unschuldig und verführerisch bei ihrem Tanze aus, daß manchem der Zuschauer der Kopf verdreht wurde und auch mein Nacken in bedenklicher Weise knackte. Am deutlichsten gewahrte man in den Augen des Kronprinzen, die beständig auf die kleine schöne Frau geheftet waren, mit der er augenscheinlich am liebsten tanzte, ein allergnädigstes Feuer, vor dem ihrem Manne hätte bange werden können, im Falle er nicht (wie ich hoffe) starken Glauben in die Tugend seiner Frau setzte.

J. Stieler, Kronprinz Ludwig in altdeutscher Tracht, um 1816.

Der Kronprinz nahm auch an den italienischen Tänzen teil; dann setzte er sich zu den älteren Damen, den Frauen von Humboldt, Herz usw., worauf die anderen Damen um ihn einen glänzenden Halbkreis bildeten, und nun bat er um das Absingen einiger deutscher Nationallieder. Ein vortrefflicher Chor, geleitet von Dr. Ringseis, dem Leibarzt des Kronprinzen und intimen Freunde Baaders, stimmte nun vor diesem Halbkreise das bekannte ›Am Rhein, am Rhein‹ an, darauf Goethes ›Was hör' ich draußen vor dem Tor‹, dann das alte ›Es ritten drei Reiter zum Tore hinaus, ade!‹ und zuletzt einige Tirolerweisen. Diese Szene kam mir wirklich wie ein schöner Traum aus dem Mittelalter vor: dort der Königssohn und werdende König in altdeutscher Tracht, um ihn der Kreis altdeutsch gekleideter Damen, und alle einem Chore von Sängern lauschend, die auch fast sämtlich das geschmackvolle Kleid jener Zeit trugen.«

Die große Liebe des Ludwig in Rom wird die schöne Marchesa Fiorenzi aus Perugia. Heinrich Maria Hess hat sie porträtiert, auf Geheiß seines königlichen Gönners – auch dieses Gemälde befindet sich heute in der Neuen Pinakothek München. Ludwig hatte die neunzehnjährige Marchesa 1821 auf dem Corso kennengelernt, anläßlich des römischen Karnevals. Seine Kut-

Heinrich Maria Hess, Marchesa Fiorenzi. 1824.

sche war neben der Kutsche der Marchesa und ihres Mannes im Gedränge auf dem Corso steckengeblieben. Bei dem kurzen Aufenthalt muß der Kronprinz auf die Marchesa einen solchen Eindruck hinterlassen haben, daß sie ihm schrieb: »Ich wage Ihnen zu versichern, Kgl. Hoheit, daß keine Persönlichkeit mich jemals mit Geist und Herz so gänzlich erfüllen wird wie die Ihre. Ich hoffe, daß Sie mir die Ehre zugestehen werden, Ihnen auch aus der Ferne schreiben zu dürfen. Wollen Sie daher die Güte haben, mir mitzuteilen, in welcher Weise und wohin ich meine Briefe senden darf.« Einer derartigen Einladung vermochte Ludwig denn auch nicht zu widerstehen, und es entbrannte eine heiße, über zehn Jahre andauernde Liebe. Während dieser Zeit gingen Besuche hin und her und etwa dreitausend Briefe wechselten zwischen Ludwig und der Marchesa, wobei die Marchesa ihren Briefen gelegentlich eigenhändig bestickte Pantöffelchen beizufügen pflegte. Marchese Ettore, der Ehemann der Fiorenzi, tolerierte dabei offensichtlich die Eskapaden seiner angetrauten Gattin: Er hüllte sich in Schweigen. Die beiden Kinder der Marchesa sollen denn auch weniger ihm als der Königlichen Hoheit ähnlich gesehen haben.

»Sehet an das von Gott gezeichnete Scheusal, den König Ludwig von Baiern ... das Schwein, das sich in allen Lasterpfützen von Italien wälzte, den Wolf, der sich für seinen Baals-Hofstaat für immer jährlich fünf Millionen verwilligen läßt«, schmähte Georg Büchner den Bayernkönig.

Die Münchner kamen nicht zurecht mit ihrem Ludwig, mit seinem aufwendigen, luxuriösen Lebensstil, mit seiner Selbstgefälligkeit. Und daß er ihre Stadt, die man die »nördlichste Stadt Italiens« nannte, wirklich zu einer Kunst-Stadt machte, mit einer Fülle prächtiger Bauten, inspiriert vom Geist der Klassik, dies konnte sie auch nicht versöhnen. Ganz im Gegenteil. Zu hoch waren die Kosten dafür, die sie und nicht der König aufzubringen hatten. Die Mittel für die gewaltigen Bauaktivitäten kamen vom Staat, von den Gemeinden und nicht etwa aus der königlichen Privatkasse, wie so oft behauptet. Dreißig Millionen Gulden für das Denkmal eines selbstherrlichen Königs – so sahen sie die Sache, und das war ihnen entschieden zu viel. Die Ludwigstraße, eine Art »Via triumphalis«, mit der Staatsbibliothek, dem Staatsarchiv, der Ludwigskirche, der Universität, dem Siegestor – dem Konstantin-Bogen in Rom nachempfunden –, sie geriet wirklich zu einem Denkmal. Mit dieser Straße hängt Ludwigs Ruhm zusammen, aber auch sein Schicksal. Von hier nimmt die Märzrevolution 1848 ihren Lauf...

Und da war ja auch noch dieses »polizeiwidrige Individuum«, dem Ludwig total verfallen war, diese Lola Montez, die es verstand, die Münchner bis aufs Blut zu reizen. Als Tänzerin war sie durch Europa getingelt, hatte ihr Geld mal hinter, mal vor der Bühne verdient. (Eines ihrer Opfer war Franz Liszt gewesen; in einer stürmischen Nacht in Weimar soll dabei das ganze Mobiliar des Hotelzimmers in Trümmer gegangen sein.) Das Volk haßte sie, doch Ludwig hielt fest an ihr: »In Dir, Göttliche, fand Liebe ich nur!« Als sie am 31. Januar 1848 bei der Beerdigung des hochangesehenen Universitätsprofessors Joseph von Görres aufgedonnert und provozierend den Trauerzug durchkreuzt, war das Maß voll. Ein Volksaufstand erfolgte, und die Studenten gingen auf die Barrikaden. Ludwig läßt die Münchner Universität schließen, zwei Tage später jedoch unterschreibt er den

Ausweisungsbefehl, gezwungenermaßen – zu spät für den Zorn seiner »Unterthanen«.
Wenig später dankt der König ab.
»Nero und ich sind die einzigen, die so Großes gemacht haben«, wird er später, auf seine Leistungen verweisend, sagen, »Seit Nero keiner mehr!«
Im Jahre 1855 feiert Ludwig im Kreise deutscher Künstler ein Jubiläum: Sein erster Besuch in Rom liegt nunmehr fünfzig Jahre zurück. Eine Abordnung der Künstler, darunter auch der greise Overbeck, kommt ihm bereits an der Ponte Molle entgegen, der Milvischen Brücke, eine zweite Abordnung erwartet ihn im Giardino di Malta. Doch findet das Jubelfest nicht in der Villa Malta statt, sondern in der Villa Albani, mit der Ludwig durch eine Kunstsammlung verbunden war, die er in Paris aus den Beständen ebendieser Villa ersteigert hatte, Raubgut des von ihm allzeit gehaßten Napoleon. Vierzig Antiken davon gingen nach München – und ein Obelisk. 1857 enthüllt Ludwig im Garten der Villa Albani eine Büste zum Gedenken an Johann Joachim Winckelmann, gewidmet dem »Vater der Kunstgeschichte«.
Ludwig kam neunzehnmal nach Rom. Siebenundzwanzigmal hat er Italien besucht. 1866/1867 wohnt er ein letztes Mal in seiner Villa. Achtzigjährig nimmt er Abschied von Rom. Er stirbt am 29. Februar 1868. Fünf Jahre später wird seine Villa verkauft. Sie ist heute Eigentum des Vatikans.
Freundliche Ordensbrüder gestatten dem Besucher hin und wieder einen Blick hinein, der Bruder Gärtner dagegen wacht einigermaßen unzugänglich über

den prächtigen Garten, »wo große Lorbeerhecken die Wege einfassen, die Pinien ihren grünen Schirm erheben um die kleine Wohnung, von der man über die Stadt auf den sieben Hügeln bis zu den blauen Sabiner- und Albanerbergen sehen kann«.

Unweit der Villa Malta treffen wir in der Via Gregoriana auf den Palazzo Zuccari, dessen manieristisch gestaltetes Portal einem Dämonenmaul gleicht, und längs des Sallustius-Obelisken oberhalb der Spanischen Treppe, auf die Villa der Medici, einstmals Sitz der Toscana-Fürsten in Rom und seit den Tagen Napoleons das Domizil der Französischen Akademie.

Palazzo Zuccari

Federico Zuccari war der erste Malerfürst und Präsident der nach dem heiligen Lucas, dem Patron der Maler, genannten Akademie in Rom. Dem Geist des Hauses entsprechend wohnten im Laufe der Zeit viele Künstler in dem um 1600 entstandenen Palazzo. Auch Winckelmann logierte zu Beginn seines römischen Aufenthaltes hier, desgleichen der Historiker Fernow und Rat Reifenstein, ein Vertrauter Goethes.

Heute hat hier die »Bibliotheca Hertziana« ihr Domizil, das kunstgeschichtliche Forschungsinstitut der Max-Planck-Gesellschaft. Henriette Hertz, eine engagierte Kunstsammlerin, vermachte im Jahre 1913 den ihr gehörenden Palazzo samt Bibliothek der Kaiser-Wilhelm-Gesellschaft, der Vorgängerin der Max-Planck-Gesellschaft.

Palazzo Zuccari. »Der Hausmeister der Villa öffnet gegen ein kleines Trinkgeld!« Vorbei die Zeiten, wo dies ein Reiseführer versprechen konnte, geben sich doch die Verwalter unserer Tage reichlich zugeknöpft, sofern man ihrem behüteten Territorium ein wenig näherzutreten wünscht. Dies gilt auch für die prächtige Medici-Villa (man lasse sich von der schlichten, einfachen Straßenfront nicht täuschen), es sei denn, man hat Glück und findet anläßlich eines Konzertes oder einer Kunstausstellung Einlaß.

Villa Medici Auch mit der Villa Medici, etwa um die gleiche Zeit entstanden wie der Palazzo Zuccari, sind berühmte Namen verbunden: Velazquez, Poussin, Corrot, Chateaubriand! Galilei überlegte hier, ob er nun soll oder nicht, nämlich abschwören. Wie man weiß, entschied er sich für letzteres. Ausgesprochen unfreundlich gab sich Christine von Schweden, die Tochter des Solda-

Villa Medici. Garten-ansicht.

tenkönigs Gustav Adolf, die dem schweren Bronzeportal der Villa eine gehörige Delle verpaßte: An einem frühen Neujahrsmorgen feuerte sie von der Engelsburg drei Kanonenkugeln gegen die Villa ab. Eine davon geriet zum Volltreffer. Aus dieser Kugel sprudelt heute die kleine Fontäne inmitten der schönen, granitenen Brunnenschale vor der Villa – so jedenfalls glaubt man es zu wissen.

Der Brunnen, ein Entwurf von Michelangelo, war allzeit ein beliebtes Motiv der Zeichner und Maler. Goethe hat sich daran versucht, Franz Ludwig Catel und auch Heinrich Maria Hess, der mit diesem Brunnen dem Bild der Marchesa Fiorenzi einen stimmungsvoll-romantischen Hintergrund gab.

Die Französische Akademie: Sie fördert Stipendiaten mit einer herausragenden künstlerischen Begabung. Voraussetzung für die Aufnahme ist, daß zuvor der

»Preis von Rom« errungen wurde. Von Hector Berlioz, der hier studierte, wissen wir, daß die Zimmer der Villa viel zu eng sind, das Mobiliar zu karg ist, der Direktor zu jähzornig und die Freizeit zu spärlich. Und daß Rom überhaupt fürchterlich langweilig ist ...

Villa Borghese
Palazzo Borghese

Napoleons »kleine Schwester«, die schöne, attraktive Paolina, hätte Berlioz, was die Langeweile in Rom anging, sicherlich zugestimmt. Als Paolina mit dreiundzwanzig Jahren von Paris nach Rom kam, hatte sie schon ein bewegtes Leben hinter sich. Verehelicht mit dem Fürsten Camillo Borghese – eine glänzende Partie, waren doch die Borghese ungeheuer reich und von großem Einfluß –, hatte sie gehofft, hier glücklich zu werden und ein großes Haus zu führen, auf dem idyllischen Pincio wie im Borghese-Palast am Tiber. Doch dazu kam es nicht. Die großen Familien der Stadt gaben sich abweisend, wenn auch nicht unfreundlich, »ohne Herz«, vermerkte sie bitter und flüchtete sich, nachdem auch noch die Liebe zu Camillo erkaltete, in Extravaganzen und Liebesabenteuer, trotz der brüderlichen Ermahnung: »Und keine Eskapaden in Rom, bitte!«

Da ließ sich doch die Fürstin Borghese modellieren. Nackt! Nicht daß man prüde gewesen wäre in Rom, aber das ging denn doch zu weit. Eine Fürstin! Daß Altmeister Canova sein Werk gewissermaßen mythologisch verstanden wissen wollte, hatte er doch Paolina als »siegreiche Venus« modelliert, mit dem Apfel des Paris in der Hand, das machte die Sache auch nicht besser. Ob es ihr denn so gar nichts ausgemacht habe, auf diese Art und Weise Modell zu stehen, wurde sie gefragt. Ihre Antwort: »Absolut nicht! Es war ja gut geheizt im Atelier!«

Paolina geriet zum Stadtgespräch. Man glaubte von amourösen Gelagen und verschwiegenen Treffen zu wissen, davon, daß sie ihre Gesellschaftsdamen als Fußbank benutzte, daß sie sich von einem riesigen Neger in die Badewanne tragen ließ, ja daß sie überhaupt der Schrecken ihrer Dienerschaft sei. Dabei mag Paolina sich in ihrem riesigen Familien-Palazzo am Tiber unter den gestrengen Blicken längst verblichener Hausherrn, die samt und sonders in ihren stuckverzierten Rahmen die Wände dekorierten, eher einsam gefühlt haben. Wer mochte hier jemals glücklich gewesen sein? Und wenn schon nicht glücklich, so doch heiter? Bilder über Bilder...

Antonio Canova, Paolina Borghese. 1805. Detail.

»Ewig ist hier Leonello Spadas Konzert zu hören, nie wird hier für Loth und seine Töchter der rote Abendhimmel erlöschen, Gerardo delle Notti hat ihn mit Geist und Feuer festgehalten, ewig regnet in Danaes Schoß das Gold mit dem mächtigen Klang, den Raffael ihm verleihen konnte.

Durch diese Säle wanderte nachts der Todesengel mit den großen Schwingen, der Todesengel, auf dessen

Stirn der Stern leuchtet und uns Unsterblichkeit verkündet. Cesare Borgia, dem Raffael Unsterblichkeit verliehen, wollte aus dem Rahmen treten – aber der Todesengel wanderte ruhig weiter, die breiten Treppen hinauf zwischen den herrlichen Marmorbildern. Ein Sohn aus dem Geschlecht Borghese wurde dem Tod geweiht. Und Trauerflor wurde an das reiche Wappen geheftet, doch noch ehe es wieder aufgehängt war, kam der Todesengel aufs neue, suchte die Mutter, die ihr Kind beweinte, küßte ihre Brust, und sie war tot. Mutter und Sohn waren tot ...« *Hans Christian Andersen*

»Il cembalo« nennen die Römer den Palazzo Borghese wegen seiner besonderen Form. Die schmale Fassade zum alten Hafen der Via Ripetta gibt dabei die Tastatur ab, die »tastiera«. Musikalischen Schwung kann man dem Palazzo allerdings nicht nachsagen, mit seinen schweren Fenstergittern vermittelt er eher den Eindruck einer Festung.

Papst Paul V. kaufte 1605 den damals noch nicht ganz fertiggestellten Palazzo und schenkte ihn fürsorglicherweise seinen Brüdern Orazio und Francesco, war doch der Papst, wie so viele vor und nach ihm, um das Wohl seiner Verwandtschaft besorgt. Der Familienarchitekt der Borghese, Flaminio Ponzio, und die Baumeister Maderno und Rainaldi vervollständigten bzw. erweiterten den Bau. In der Folge diente der Palazzo den Borghese als Wohnsitz, aber auch als Depot für ihre immer größer werdende Kunstsammlung, Platz war hinreichend vorhanden. Für die Dienerschaft allerdings langte es nicht mehr, ihr bauten die

Palazzo Borghese.

Borghese eine eigene Unterkunft, gleich gegenüber, die – so ganz nebenbei – wiederum zu einem Palazzo geriet.

Ein wenig eng wurde es im »cembalo« zur Zeit der Napoleonischen Besatzung. Man hatte den Borghese auferlegt, Flüchtlinge aufzunehmen, wenn auch königlichen Geblüts: Karl VI. aus Spanien mit Gemahlin waren unterzubringen. Für den »Favoriten« der Königin, ihren Liebhaber, der auch im Unglück nicht von ihr lassen mochte und mit nach Rom gekommen war, Don Manuel Godoy, reichte es allerdings nicht, er hatte mit der Villa Celimontana auf dem Caelius vorliebzunehmen.

Leicht, wenn nicht gar beschwingt, wirkt dagegen

Palazzo Borghese. Innenhof.

die Hofanlage des Palazzo. Mit ihren offenen Arkaden, den Zwillingssäulen und den antiken Statuen – schon stark vom Zahn der Zeit benagt – vermittelt sie etwas von der Atmosphäre einer ländlichen Villa, wobei man sich die Fülle der überquellenden Abfalltonnen der hier inzwischen etablierten Mietwohnungen tunlichst wegzudenken hat. In der rechten äußeren Ecke des Hofes findet sich ein Brunnen von Rainaldi, das heißt das, was von ihm übriggeblieben ist: Bad der Venus. Bad der Venus? Hatte hier am Ende Paolina ihre Inspirationen, die dazumal ganz Rom in Aufregung versetzten? Wer mag es wissen.

Wir begegnen Paolina wieder im Casino der Villa Borghese, auf dem Pincio, inmitten einer prächtigen Skulpturen- und Gemäldesammlung der Familie. Die auf einem Empire-Bett dahingegossene Venus victrix findet sich im Untergeschoß. Doch machen wir zunächst – Paolina möge verzeihen – dem Hausherrn unsere Aufwartung, Kardinal Scipione Borghese. Er war es, der mit seinen reichen Mitteln und den noch reicheren seines Onkels, Papst Paul V., die Villa – was hier bedeutet: die weitläufige Gartenanlage einschließlich des Casinos – errichten ließ. Sein von Bernini geschaffenes Marmor-Porträt zeigt uns einen offenbar lebenslustigen Mann mit schräg sitzendem Kardinal-Barett und leicht geöffnetem Mund – ein wenig zu schielen scheint er auch. Eine ganz und gar ungewohnte Darstellung der ansonsten hier mehr würdig bis düster dreinblickenden Würdenträger. Paolina hatte sicher ihre Freude an ihm. »Soll ein Bildnis gelingen,« so Bernini in einer Art Gebrauchsanweisung, »so muß man einen bestimmten Ausdruck festhalten und trachten, ihn trefflich wiederzugeben. Der glücklichste Augenblick, den man für den Mund wählen kann, ist der, da er soeben zu sprechen anhebt oder endet. Bei einem Marmorbildnis ist es mitunter zur rechten Nachahmung der Natur nötig, etwas hineinzubringen, was der Wirklichkeit nicht entspricht. So gibt man den bläulichen Schatten, der manche Augen rändert, am besten dadurch wieder, daß man den Marmor an dieser Stelle aushöhlt. Es entsteht so ein farblicher Eindruck, und mit diesem Mittel läßt sich die Farblosigkeit der Skulptur wettmachen.«

Und damit zur »absoluten Harmonie zwischen Linie und Volumen, zwischen Dynamik und Ruhe, dieser ausgeklügelten Komposition moderner, emanzipierter Weiblichkeit, deren marmorne Haut man liebkosen möchte, liebkosen ...«, zu Paolina. Schwärmer und Kritiker sind sich einig wie nie: Canova ist mit der schönen Paolina ein Meisterwerk besonde-

Gian Lorenzo Bernini, Scipione Borghese. 1623.

Antonio Canova, Paolina Borghese. 1805.

rer Klasse gelungen. Ihr vom Betrachter abgewendeter Kopf mit den markanten Zügen und der spitzen Nase der Bonaparte wird meist so interpretiert, daß Paolina wohl von ihrer Nacktheit abzulenken wünschte. Dem lüsternen Voyeur in die Augen zu sehen, dies sei ihr wohl allzu indiskret erschienen. Einem heimlichen Kummer unserer Schönen wußte Canova galant zu begegnen: Paolinas großen Ohren. Der Meister ließ das rechte Ohr mit ihrer graziös ausgestreckten Hand verdecken und gestaltete das linke um so formvollendeter – versehen mit einem hübschen Rand, denn daran mangelte es den Ohren der Paolina.

Über die Zeit hinweg fanden die Reize der Paolina

Villa Borghese. Casino.

Borghese zahlreiche Liebhaber. Ströme von Besuchern ziehen tagtäglich an ihr vorbei, und kaum jemand vermag sich dem Drang eines Erinnerungsfotos zu erwehren. In den Souvenirläden der Stadt grüßt sie in Matt und Hochglanz, und auch die Werbung hat sich ihrer lange schon bemächtigt: Ins Riesige projiziert, wirbt sie von den Plakatwänden Roms mal für dieses, mal für jenes.

Paolina wäre über diesen Rummel, so sie darum wüßte, sicher nicht glücklich, war es doch in Wahrheit mit der ihr so oft nachgesagten Freizügigkeit gar nicht so weit her. Ihre Anstoß erregende Statue war ursprünglich nur Camillo zugedacht, sie war ein verspätetes Hochzeitsgeschenk an ihn. In einem Brief vom 22.1.1818 schreibt sie an ihren Mann:

Villa Borghese. Imperatorensaal im Casino.

»Ich möchte Sie bei dieser Gelegenheit um einen Gefallen bitten: Ich weiß, daß Sie ab und zu die Erlaubnis zur Besichtigung meiner Statue geben. Es wäre mir lieb, wenn dies wegen der an Unanständigkeit grenzenden Nacktheit der Statue nicht mehr geschehen würde. Sie wurde geschaffen, um Ihnen eine Freude zu bereiten. Da dies nicht länger zutrifft, ist es nur recht, daß sie keinem Auge mehr zugänglich ist.«

»Da dies nicht länger zutrifft ...« – wie das? Hierzu muß man wissen, daß Paolina und Camillo um diese Zeit bereits getrennt lebten. Der Grund war von trauriger Art, hatte sich doch gezeigt, daß Fürst Camillo dem Temperament seiner Paolina nicht gewachsen, ja, daß er zum Vollzug der Ehe nicht in der Lage war. Camillo zog sich auf seine Güter außerhalb Roms zurück, Paolina blieb allein in einer kleinen Villa, die an der Porta Pia gelegen war, und tröstete sich, so gut es ging.

Casino Borghese, »alwo zu Beeden seithen die ganze Wänd mit kostbarer Credenz, so meistens alles von purem Gold ausspaliret ...«, hier gibt es inmitten der Herrlichkeiten, die Scipione und seine Nachfolger zusammengetragen haben, allein an die 250 Antiken zu bewundern. Dazu die besten Werke der Bernini, Botticelli, Raffael, Cranach, Bellini, Tizian, Veronese – eine erlauchte Runde, wie nirgendwo sonst in Rom.

»Hermaphrodit; das höchste Bild der Wollust. Man wird dabei zum Tantalus und ärgert sich, daß die göttlich schönen Formen von Stein sind.« – »L'Amor divino e profano von Tizian. Das größte Meisterwerk in Kolorit, das von ihm in Rom ist. Es ist das Nonplusultra vielleicht ...« – »Daphne, Peneus Kind, war die erste Liebe Apolls; nicht blinder Zufall schuf's. Nein: wilder Zorn des Cupido. Nymphe, ich bitte dich, bleib! Kein Feind ist, der dich verfolgt. Frage einmal doch, wen du entzückst ...« *Heinse/Ovid*

Zur Zeit des Camillo Borghese und seiner Paolina wechselte ein Großteil der Sammlung nach Paris, in den Louvre, Napoleon hatte wieder einmal zugeschlagen. Fürst Camillo erhielt zum Ausgleich dafür von seinem Schwager eine Villa im Piemont – eine mehr als großzügige Geste, wenn man bedenkt, wie rigoros Napoleon ansonsten bei seinen Raubzügen in Rom zu verfahren beliebte. Und noch eine Überraschung: Camillo verkaufte Napoleon einen großen Teil seiner Schätze, darunter die »Hl. Katharina« von Raffael, das »Emmaus-Mahl« von Caravaggio und andere Kostbarkeiten mehr. Die Beweggründe für diese frevlerische Transaktion sind schwer zu durchschauen, hier mögen politische wie auch persönliche Gründe im Spiel gewesen sein, doch war die Empörung der Kenner und Liebhaber groß. Um 1890 füllten sich die Bestände des Casinos insoweit wieder, wie die Sammlungen der Borghese aus ihrem Palazzo am Tiberufer nach und nach auf den Pincio verlegt wurden.

Das Casino Borghese ist nicht nur das schönste Museum Roms, es liegt auch inmitten einer der schönsten Parkanlagen der Stadt, der Villa Borghese. Mit einem kleinen Weinberg zwischen der Piazzale Flaminio und der Via Pincana hat das alles einmal angefangen, hier ist der Ursprung, die Quelle, der enormen Reichtümer der Borghese zu suchen. Durch expansive Grundstückspolitik verstand es diese Familie, ihrer »vigna vecchia« Stück für Stück anzufügen, bis sie schließlich über einen der größten Privatparks Roms verfügten. Nur die Parkanlage der Villa Doria Pamphili auf dem Gianicolo ist größer. Ursprünglich war die Villa Borghese einmal eine barocke Anlage mit exotischen Pflanzen und weiten, farbigen Blumenrabatten. Marco Antonio Borghese machte einen Englischen Garten daraus, Camillo Borghese veränderte sie im Sinne des Klassizismus. Goethe hat sich hier gerne aufgehalten und an Szenen zu *Faust* und *Egmont* gearbeitet, vor allem aber hat er hier gezeichnet. »Daß ich zeichne und die Kunst studiere, hilft dem Dichtungsvermögen auf, statt es zu hindern. Denn schreiben muß man nur wenig, zeichnen viel«, läßt er uns wissen.

Am unteren Ende verbindet sich der Park der Borghese mit dem Hügel des Pincio. An dieser Stelle haben die Römer Napoleon ein Denkmal gesetzt, sie gaben der äußeren Terrasse des Pincio, von der aus Rom geradezu majestätisch zu überblicken ist, den Namen »Piazzale Napoleone«. Hier also ist er wieder, der Geist des Korsen, im Spukgebiet des schlimmen Nero und der lasterhaften Messalina, die auf dem Pincio ermordet wurde. Napoleon hier und in solch illustrer Gesellschaft, dies hat seinen besonderen Grund. Der Piazzale trägt seinen Namen in Erinnerung daran, daß er die weitläufigen Gärten der Villa Medici und Borghese in einen Volkspark umgestalten ließ – zur Freude der Römer.

Napoleon hat Rom bekanntlich nie gesehen, doch kamen zahlreiche Mitglieder aus der Verwandtschaft des Eroberers, die sich in der Stadt niederließen. Allen voran Madame Mère, die Mutter, die von 1815 bis zu ihrem Tode im Palazzo Bonaparte an der Piazza Venezia wohnte, Ecke Corso, und die hier ein strenges Regiment führte. Auch sie wurde von Canova modelliert, wenn auch weniger freizügig als ihre Tochter

Napoleon mit seinem Sohn, dem König von Rom.

Paolina. Es kamen die Geschwister Lucien, Louis, Elisa, Carolina, Paolina, es kam eine Vielzahl von Tanten und Onkeln, selbst ein Kardinal-Onkel war dabei, der zuvor – nach einer wilden Vergangenheit – Erzbischof von Lyon gewesen war. Im Palazzo Primoli, nahe der Piazza Navona, werden zahlreiche Erinnerungsstücke an sie alle aufbewahrt, Briefe, Autogramme, Porträts, Porzellane, selbst die Milchzähne des »Königs von Rom« sind hier zu besichtigen, Napoleons einzigem ehelichen Sohn, auch »Herzog von Reichsstadt«, »Prinz von Parma« und »Napoleon II.« genannt. Er starb mit einundzwanzig Jahren in Wien. »Ich bin nichts als eine große Verlegenheit«, hatte er einmal von sich gesagt. Erst 1940 kam er zurück nach Frankreich, ein »Geschenk« Hitlers. Politische Gründe hatten eine frühere Überführung aus der Kaisergruft in Wien verhindert.

Einer der Räume, Sala VI., ist Paolina vorbehalten. Spiegel, Toilettentisch, Pantöffelchen, in einer Vitrine ein »Calco del seno«, ein Abdruck ihres Busens. Ihr handgeschriebenes Testament liegt neben dem Galadegen des Camillo Borghese. »Kennst du meine Schmerzen, kennst du meine Seufzer?« hatte sie in einem von ihr verfaßten Sonett gefragt. »Ich muß meine Tränen verbergen, ich muß in Stille leiden. Ich muß mein geheimes Leid und meine Schmerzen tragen, bis ich tot bin. Und, o Jammer: Ich muß immer noch lächeln.« Paolina Borghese aus dem Hause Bonaparte wurde nur fünfundvierzig Jahre alt.

Borghese, ein Name von Rang und Klang. PAULUS BORGHESIUS ROMANUS PONTIFEX MAXIMUS, so steht es in riesigen Buchstaben über dem Hauptportal von St. Peter: Borghese, Römer, Papst. 1554 war die Familie der Borghese aus Siena nach Rom gekommen, um hier ihr Glück zu machen. Und sie machte es, nicht zuletzt auch durch ihre kluge Heiratspolitik, die ihr den begehrten Zugang zum römischen Adel verschaffte. Am 16. Mai 1605 wird ein Borghese zum Papst gewählt, Kardinal Camillo, der sich den Namen Paul V. gibt und unter dessen Ägide der Petersdom vollendet wird. Kirchenpolitisch hat dieser Papst wenig bewirkt. Zu seiner Zeit drehte sich die Welt ja auch schon nicht mehr so sehr um Rom. Sie drehte sich mehr um die Sonne – den ersten Prozeß gegen Galilei ließ Paul V. führen. Doch verstand er es, Rom zu einer Stadt zu machen, die, wie berichtet wird, »mit Edelsteinen nicht sowohl geschmückt als erfüllt war. In der ganzen Stadt hat er Hügel geebnet, wo es Winkel und Krümmungen gab, weite Aussichten geöffnet, große Plätze aufgetan und sie durch Anlage neuer Gebäude noch herrlicher gemacht; das Wasser, welches er herbeigeführt, ist nicht mehr das Spiel einer Röhre, es bricht hervor wie ein Strom.« Gemeint ist hier die Aqua Paola, die u. a. die beiden Fontänen auf dem Petersplatz versorgt. »Mit der Pracht seiner Paläste wetteifert die Abwechslung der Gärten, die er angelegt, in dem Innern seiner Privatkapellen glänzt alles von Gold und Silber; die öffentlichen Kapellen erheben sich wie Basiliken, die Basiliken wie Tempel, die Tempel wie marmorne Berge ...«

Gold und Silber auch in der Familiengruft der Borghese, der Paulinischen Kapelle in Santa Maria Maggiore, reiche Pracht auch hier. 1621 wird Paul V. im Grabgewölbe der Kapelle beigesetzt, inmitten seiner fürstlichen Familienangehörigen. Etwas abseits seines prächtigen Sarkophags steht der einfache, kleine Sarg der Paolina Borghese, namenlos. Die Nachfolger des päpstlichen Borghese, der sich »seine durch die Taufe erworbene Unschuld fromm und keusch bewahrte«, hatten sie schließlich gehaßt.

An die dreihundert Jahre leuchtete der Stern der Borghese – dann waren sie am Ende, sie machten bankrott. Allzusehr hatten sie sich bei der im jungen königlichen Rom grassierenden Baukonjunktur engagiert und wurden schließlich der sich häufenden Finanzprobleme nicht mehr Herr. Ihr Fall war tief und tödlich. Alles kam unter den Hammer, Palazzi, Villen, Ländereien, Kunstsammlungen, Inventar. Das meiste – und das beste – ging an den italienischen Staat.

»... Denn der gute Fürst hat sich verspekuliert und mußte alles für drei Millionen Lire verkaufen. Spottbillig nebenbei; im Museum befindet sich so ziemlich der schönste Tizian, genannt ›Himmlische und Irdische Liebe‹, für den die Amerikaner allein soviel gegeben hätten ...« *Sigmund Freud*

So man mag und das Glück einem gesonnen ist, kann man den Borghese aber auch heute noch seine Aufwartung machen. Einige wenige Räume ihres Palazzo am Tiber verblieben in ihrem ursprünglichen Zustand bzw. wurden wieder hergerichtet, als »Repräsentationsräume«. Die Stadt Rom vermietet sie von Fall zu Fall für Kunstausstellungen, Vorträge, für Konzerte und Auktionen. Sollte sich die Gelegenheit also als günstig erweisen – der Zugang erfolgt über die »tastiera«.

Die Räume sind prächtig wie eh und je. In weiches Licht getaucht, stehen die Helden der Antike in ihren Nischen mit ernsten, unbewegten Blicken, ganz im Gegensatz zum hintergründigen Lächeln der gutgenährten Cupidi unterhalb der Deckengemälde. Porträts, Büsten, vergoldete Stukkaturen, die sich in den halberblindeten Wandspiegeln zu vervielfachen scheinen, kostbare Steine, Marmorböden, schimmernd in allen Farben – es fällt nicht schwer, sich hier so einige hundert Jahre zurückzuträumen.

Ähnlich wie den Borghese erging es der Familie der Boncompagni-Ludovisi, auch sie verlor durch Bau- und Grundstücksspekulationen ihr gesamtes Vermögen, einschließlich des Palazzo Margherita auf dem Pincio, Via Veneto, heute Sitz der amerikanischen Botschaft. Der Palazzo – römische Neorenaissance – hat seinen Namen nach der italienischen Königin Margherita, die nach der Ermordung ihres Mannes, Umberto I., hier wohnte.

Palazzo Margherita

Mit dem stürmischen Anwachsen der Bevölkerung nach 1870 wurden Zweckbauten vielfältigster Art notwendig. Die Hauptstadt des geeinten Italiens brauchte Verwaltungsgebäude, Ministerien, neue Wohnanlagen, Schulen, Straßen etc. Die Folge war ein ungeheurer Kahlschlag im reichen Grün der Stadt, und viele der schönen und weitläufigen Gärten der alten Villen und Palazzi wurden parzelliert und zu Höchstpreisen verscherbelt. Man konnte um diese Zeit reich werden in Rom – aber auch bettelarm.
Auch Fürst Rudolfo Boncompagni-Ludovisi folgte dem Zug der Zeit und teilte die Ludovisischen Gärten, die er samt einer prächtigen Villa in der verwandtschaftlichen Nachfolge von Kardinal Ludovico Ludovisi geerbt hatte, auf. Er ließ die Villa des Kardinals abreißen. Erhalten blieb lediglich das Casino dell'Aurora mit dem schönen Deckengemälde des

Guernico aus dem Jahre 1621. Statt dessen baute er nach dem Verkauf des größten Teils seines Grundbesitzes an anderer Stelle des Geländes den Palazzo Margherita.
1890 wurde der Palazzo fertiggestellt. Fünf Millionen Lire hatte er verschlungen, eine Summe, die selbst die Römer staunen ließ. Zehn Jahre später mußte Fürst Rudolfo ihn wieder verkaufen, samt einer berühmten Kunst- und Antikensammlung, die im Untergeschoß aufgestellt worden war. Der Fürst hatte sich »übernommen«, hier und anderswo.
Aus dieser Zeit, der Zeit der Fülle, aber auch der Not, in der so manch einer sich unversehens gezwungen sah, mit dem spitzen Stift zu rechnen, und in der ehemals strahlende Paläste oftmals nur noch mittels einer »gut funktionierenden Hotel-Maschinerie« überlebten, vermittelt uns Marion Crawford in seinem Buch »Ave Roma Immortalis« aufschlußreiche Einblicke: »... Alles und jedes«, so erzählt er, »ging über den Hausverwalter, der einen Koch vertraglich verpflichtete, für die täglichen festgesetzten Mahlzeiten eine bestimmte Anzahl Gerichte zu liefern, aber nichts, kein Ei, keine Scheibe Toast darüber hinaus. Dieses System besteht in manchen Haushalten heute noch, und da schließlich auch einmal mit einem Imbiß außer der Zeit gerechnet werden muß, wird vom Hausverwalter und seinen Buchhaltern ein ausgeklügeltes Kontensystem geführt, und jede kleinste Bestellung eines Sohnes oder einer Tochter wird der ihnen jeweils ausgesetzten Unterhaltungssumme aufgerechnet. Für die Schwiegertöchter werden getrennte Kon-

Giuseppe Vasi, Villa Ludovisi.

ten geführt; ihnen wird im Heiratsvertrag ein regelmäßiges Nadelgeld aus ihrer Mitgift ausgesetzt, aber auch dieses geht durch die Hände des Hausverwalters. Die gleiche Regelung sah noch bis vor kurzem eine feste Anzahl von Fleischgerichten pro Tag vor – im allgemeinen zwei –, dazu kamen eine bestimmte Anzahl neuer Gewänder und anderer Kleidungsstücke sowie neben einer Unmenge von Kleinigkeiten die Benutzung eines Wagens, der jedoch nicht mehr als zweimal täglich angespannt werden durfte: entweder vormittags oder nachmittags oder einmal am Tage oder einmal abends. Falls nicht ausdrücklich im Heiratsvertrag erwähnt, mußte alles und jedes – eine Tasse Tee, ein Glas Limonade – extra beglichen werden ...«

Die Kunstschätze der Boncompagni-Ludovisi, die Fürst Rudolfo gezwungen war zu verkaufen, befinden sich heute im Thermen-Museum, im Museo Nazionale Romano an der Piazza della Repubblica. Das Paradestück der Sammlung ist der sogenannte Ludovisische Thron, der 1887 bei den Parzellierungsarbeiten in den Gärten der Ludovisi ans Tageslicht gekommen war, eineinhalb Meter tief im Erdreich verborgen – die Arbeit eines griechischen Künstlers aus der Zeit um 470 v. Chr., nimmt man an.

Der überraschende Fund besteht aus drei marmornen Reliefplatten. Das Relief der Rückenplatte zeigt die Geburt der Aphrodite, der Schaumgeborenen, der zwei Nymphen ans Licht der Welt verhelfen. Die linke Platte gibt eine Flötenspielerin wieder, die rechte eine weihrauchopfernde Frau. Doch so großartig der Fund, so schwerwiegend die Zweifel. Handelt es sich wirklich um ein griechisches Original oder um eine römische Kopie nach einem griechischen Origi-

Der Ludovisische Thron. Rückenplatte.

nal – oder handelt es sich gar um das Werk eines römischen Fälschers aus der Zeit der Ausgrabung in den Ludovisischen Gärten? Fragen, die man bis heute nicht schlüssig zu beantworten weiß. Und so vermag sich denn auch angesichts dieser Unsicherheiten bei den Betrachtern der erhabene Schauer nicht so recht einzustellen.

Noch bevor der Ludovisische Thron ins Thermen-Museum gelangte, hatten sich einige Museen um den Ankauf des dazumal noch hochgelobten Stückes bemüht – echt oder unecht, das war um diese Zeit noch nicht die Frage –, darunter Berlin, Kopenhagen und das Museum of Fine Arts in Boston. Mister Edward P. Warren, ein kapitalkräftiger Kunstsammler, hätte ihn liebend gern mit über den Ozean genommen, vierzehntausend Lire wollte er für den Thron zahlen, die Transaktion scheiterte jedoch an der fehlenden Ausfuhrgenehmigung.

Doch Boston bekam trotzdem seinen Thron, denn überraschenderweise war ein zweiter Thron aufgetaucht, von der Form her verwandt und mit fast den gleichen Maßen wie sein römischer Bruder. Wie war dies möglich? Dunkle Wege geben nur einige der Spuren frei. 1894 soll er in der Nähe der Fundstelle des ersten Thrones ausgegraben worden sein, heimlich, still und leise und an seinem rechtmäßigen Eigentümer vorbei. Von horrenden Summen ist die Rede, von dubiosen Kunsthändlern und honorigen Gelehrten, die dem Thron »in jeder Weise auf die Beine halfen«. Und auch Mister Warren hatte seine Hände wieder im Spiel. Seinem Neffen soll es schließlich gelungen sein, für

Links: Seitenansicht des Ludovisischen Thrones. Rechts: Seitenansicht des Bostoner Thrones.

den Thron eine Ausfuhrgenehmigung zu erhalten, wie und unter welchen Umständen, bleibt unklar. Um die Öffentlichkeit nicht zu mobilisieren, wurde der Thron heimlich nach England geschafft und dort bis zum Jahre 1909 versteckt. Erst dann fand er den Weg nach Boston ins Museum of Fine Arts. 1911 wurde zum erstenmal über ihn publiziert, und zugleich begann der obligate Gelehrtenstreit. Patina, Verwitterung, das Material, der Marmor – er stammt von der griechischen Insel Thasos –, alles stimmte mit dem römischen Thron überein. Also so echt wie dieser? Oder auch so falsch? Niemand scheint es zu wissen. Und das ist, gemessen am Stand der heutigen Wissenschaft, doch schon einigermaßen verwunderlich.

Und noch einmal der Pincio: Nahe der Galleria Nazionale d'Arte Moderna erwartet uns die Villa des Julius III., die Villa Giulia, ein Bau der römischen Spätrenaissance, der für ein typisches Beispiel der sogenannten Villa suburbana steht, für ein Landhaus oder auch Lusthaus, das vor den Toren der Stadt gelegen war, wohin man sich zurückzog, so man der Stadt oder der Geschäfte überdrüssig war, wo man meditierte, gute Gespräche und gelehrte Dispute pflegte oder sich ganz einfach amüsierte – zeigte sich doch »der Landbesitz allein über alles erkenntlich, dankbar, zuverlässig und wahrhaft. Im Frühling gewährt er dir unzählige Freuden: das Grün der Blumen, die Düfte, die Gesänge der Vögel, er ist auf vielfache Weise bemüht, dich fröhlich zu machen. Der Landbesitz sorgt dafür, daß dir im Hause nichts mangelt, er trachtet danach, daß in deinem Herzen keine Trübsal Wurzel fasse.« *Leon Battista Alberti*

Villa Giulia

Die Baumeister der Villa Giulia waren Vignola, Vasari, Ammanati, Michelangelo – große Namen – und der ungeduldige Julius III., auf den ein erster Entwurf der Villa zurückgeht und der seine Architekten jeden Tag mit neuen Ideen bedrängte, ja, »der am Abend das nicht mehr wollte, was ihm morgens gefallen hatte«, wie Vasari schrieb. »Wenn es nicht die Bitten meines großen und einmaligen Alten (Michelangelo) gewesen wären, wäre ich nach Arezzo zurückgekehrt, um meinen Garten zu jäten.«

Eine einzelne Handschrift ist denn auch nur schwer auszumachen. Neben dem Entwurf des Julius III. rechnet sich Vasari eine erste Konzeption an. Von ihm

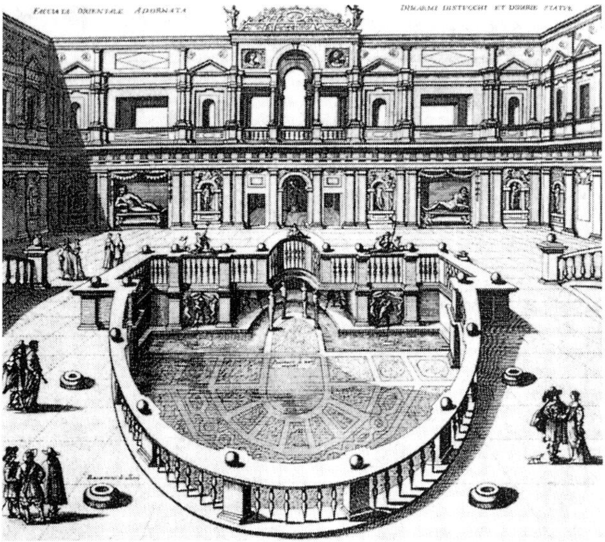

Villa Giulia mit Nymphäum, nach einem Druck aus dem 16. Jahrhundert von L. Rouhier.

stammen auch, nach eigenem Zeugnis, »die Zeichnungen des Hofes und des Brunnens«, die dann Vignola und Ammanati gemeinsam ausführten. Der Anteil Michelangelos am Bau der Villa war überwiegend beratender Natur. Julius III. schätzte den kranken und melancholisch gewordenen Chef-Architekten von Sankt Peter in besonderer Weise.

Die Bankett- und Festräume im unteren Geschoß geben sich trotz reicher Ausstattung leicht und unaufdringlich. Im ersten Stockwerk der »Raum der Venus oder Jahreszeiten«, der »Raum der sieben Hügel«, der »Raum der Kunst und Wissenschaft«, zum Hof hin ausgemalte Gewölbe mit Weinranken, Putten, Pfauen, buntgefiederten, exotischen Vögeln, terrassierte Gartenanlagen mit lauschigen Nischen, am

Ende des letzten Hofes dann das Nymphäum, eine von Balustraden umgrenzte Brunnenanlage, »von wo man die Villa in ihrer Gesamtanlage am schönsten sieht, sei es wegen des Reichtums an Marmor (des Fußbodens), antiker Statuen und Stuckarbeiten, sei es wegen des herrlichen Wassers Virgene ... Rechts Mars und Venus, Herkules, Pan, Lavinia, Venus und Cupido, eine Gottheit des Waldes, eine weibliche Figur; auf der linken Seite Bacchus, Vertumnus, Pomona, Herkules, Deianeira, ein Commodus als Herkules, ein Gott des Waldes ...« *Ammanati*

Natürlich, das ist alles nicht mehr ganz so, wie es war, doch ist die Villa in gutem Zustand, sie wird laufend restauriert, und der italienische Staat zeigt sich um ihr Wohlergehen besorgt. Dies wohl auch, weil sich hier inzwischen ein Museum von ganz außerordentlicher Qualität etabliert hat: das Museo Nazionale di Villa Giulia mit seinen Schätzen aus der Zeit der Etrusker.

Julius III. war ein schöpferischer Geist, dem Kunst und Wissenschaft wichtig waren und der es liebte, sich mit gelehrten und gebildeten Männern seiner Zeit zu umgeben. Als Papst war er eher schwach, an den Geschäften der Kirche und des Staates nahm er nur soviel Anteil, wie es unvermeidlich war, ein Papst, der sein Vertrauen mehr auf den natürlichen Ablauf der Geschichte setzte als auf die Kraft der Mitgestaltung. Ludwig von Pastor, der Autor einer berühmten Geschichte der Päpste, beschreibt ihn wie folgt: »Das Aussehen Julius' III. war so wenig anziehend, daß es den Malern schwerfiel, ihn zu porträtieren. Sein von einem langen grauen Bart umrahmtes Gesicht machte einen derben und bäurischen Eindruck. Die stark gebogene Adlernase war unverhältnismäßig groß, die Lippen waren zusammengepreßt, der Blick scharf und durchdringend. Er war groß und kräftig und ein starker Esser, doch schätzte er nicht auserwählte Speisen, wie sie die Feinschmecker der Renaissance liebten, sondern bevorzugte nahrhafte, fette Gerichte, die stark mit Knoblauch gewürzt waren. Am meisten mochte er besonders große Zwiebeln, die man ihm eigens aus Gaeta lieferte. Zu diesen bäurischen Gewohnheiten paßte gut das seinem fröhlichen und Witzen zugeneigten Naturell entspringende Sichgehenlassen, das Julius III. sich oft in einer Weise erlaubte, die zu seiner Würde im Gegensatz stand.

Medaille mit Papst Julius III. 1554.

Er liebte Feste und nahm jeden Vorwand wahr, um welche zu veranstalten. Die anläßlich seiner Wahl 1550 stattgefundenen Feierlichkeiten, die sich an jedem Jahrestag wiederholenden Umzüge sowie die Feste der Karnevalszeit, bei denen Wettrennen und Stierkämpfe stattfanden, denen der Papst zusah, waren weithin berühmt. Vor allem liebte er Gastmähler und Bankette, die er im Vatikan und in der Villa Giulia ausrichtete; und er verschmähte es auch nicht, Einladungen in die Häuser seiner Gäste anzunehmen, bei denen er sogar die Nacht verbrachte.

Häufig wohnte er auch Theatervorstellungen bei, die zuweilen sogar unschicklich waren: in seiner Gegenwart wurden *Menaechmi* und *Aulularia* von Plautus, *La Cassaria* von Ariost und *Eunuchus* von Terenz aufgeführt.

Aber Julius interessierte sich auch für die Wissenschaften und Künste und wollte das Mäzenatentum seiner Vorgänger nachahmen. Er unterhielt gute Beziehungen zu den Literaten seiner Zeit, unter ihnen Paolo Giovio und Pietro Aretino, und wurde mit Karmina von verschiedenen Dichtern gefeiert, die auf seine Erkenntlichkeit hofften. Und Giovanni Pierluigi da Palestrina, einer der berühmtesten Komponisten der Zeit, widmete ihm, nachdem er den Posten eines Kapellmeisters in S. Peter erhalten hatte, einige vierstimmige Messen ...«

Rückseite: Villa Giulia.

Papst Julius III. stirbt 1555 im fünften Jahr seines Pontifikats. Zwei Jahre später läßt Paul IV. alle Vermögenswerte des Julius beschlagnahmen mit der Begründung, sie seien mit Hilfe von Geldern der Camera Apostolica zustande gekommen. Die Folge war, daß die reiche Kunstsammlung der Villa auseinandergerissen bzw. geplündert wurde. Einhundertsechzig Transporte mit Kunstschätzen aus der Villa gingen in den Vatikan. Das Land- und Lusthaus des Julius diente nunmehr prominenten Gästen des Papstes als Unterkunft. Später entsteht hier ein Krankenhaus, dann ein Munitionsdepot und schließlich,

nach mancherlei Um- und Anbauten, das bereits erwähnte Museo Nazionale di Villa Giulia.
Der Eifer des Papstes Paul IV. galt der Inquisition, die sich unter ihm zu einer wahren Schreckensherrschaft entwickelte. Paul IV.: »Selbst wenn mein eigener Vater Häretiker wäre, würde ich das Holz sammeln, um ihn zu verbrennen.« Waren unter Julius in Rom noch ausgelassene Künstlerfeste gefeiert worden, so wurden jetzt Musiker, Literaten, Schauspieler und Maler als »Übeltäter« vor die Inquisition zitiert. Als Paul IV. starb, brannten die aufgebrachten Römer das Inquisitionsgefängnis an der Via Ripetta nieder, köpften seine Statue auf dem Kapitol und schleuderten den Kopf in den Tiber – auf dem der lebensfrohe Julius in einem mit Blumen geschmückten Boot unter Harfenklängen seiner geliebten »vigna« entgegengefahren war...

II. DER QUIRINAL

Palazzo Barberini
Palazzo Drago (Albani)
mit Villa Torlonia (Albani)
an der Via Salaria
Palazzo del Quirinale
Palazzo Poli
Palazzo del Grillo
Palazzo Colonna

». . . denn fünfundzwanzig bis dreißig Zimmer stehen ausschließlich dem Papst als Wohnung zur Verfügung; sie sind zwar klein und bescheiden eingerichtet, aber dennoch viel schöner als die Behausungen unseres Herrn, der kaum wußte, wohin er sein Haupt betten sollte, und dessen Nachfolger zu sein der Papst sich doch rühmt!«

Johann Caspar Goethe

»Weißt du denn nicht, mein Sohn, mit wie wenig Verstand die Welt regiert wird?« Julius III.

**Raffael,
La Fornarina.**

La Fornarina – ein Stoff, aus dem die Träume sind: Arme Bäckerstochter aus Trastevere liebt berühmten Künstler, den Maler Raffael, Raffaello Santi. Liebt Meister Santi auch die arme Bäckerstochter? Das ist nicht so sicher, hat doch der Meister viele Mätressen und dazu noch eine Verlobte, Maria Bibbiena, an deren Seite er unbedingt begraben werden möchte. Doch sein Grab wird das himmlische Pantheon sein, und keine seiner Verehrerinnen hatte Grund, sich zu grämen über »jenen Raffael, von dem zu seinen Lebzeiten die große Mutter aller Dinge, die Natur, sich fürchten mußte, besiegt zu werden ...« Tränenüberströmt war die schöne, aber arme Bäckerstochter vom Sterbelager ihres Angebeteten verwiesen worden, weigerte sich doch der Abgesandte des Papstes, mit dem Segen des Heiligen Vaters in ihrem Beisein das Sterbezimmer zu betreten.

Palazzo Barberini, Galleria Nazionale d'Arte Antica, Piano nobile, Sala VIII: Das vielbewunderte Bild der Fornarina soll um 1519 entstanden sein. Ob es wirklich von Raffael stammt – auch wenn sich auf dem Armreif der Fornarina seine Signatur findet: RAPHAEL URBINA – und ob es sich bei der Schönen tatsächlich um die Geliebte des Malers handelt, das weiß man alles nicht so genau, darüber wird immer noch spekuliert. Ja, lange Zeit hat man nicht einmal gewußt, ob es sich bei dem Bild wirklich um die Bäkkerstochter Margherita Luti aus Trastevere handelt. Daß dem so ist, das haben nicht die Kunsthistoriker herausgefunden, sondern die Ärzte, die Onkologen. Sie erkannten am Busen der Schönen Frühsymptome von Brustkrebs. Margherita Luti ist 1520 an den Folgen dieser Erkrankung gestorben – im gleichen Jahr wie Raffael.

Palazzo Barberini

Sehen wir uns um im Familien-Palazzo der einst so mächtigen Barberini. Papst Urban VIII. hatte ihn 1625 den Sforza abgekauft, zwei Jahre nach seiner Inthronisation. Von Maderna, Borromini und Bernini, den Meistern des Barock, umgebaut und erweitert, von Pietro Cortona ausgemalt, wurde er zum Schauplatz brillant inszenierter Feste und glanzvoller

Selbstdarstellungen des »schönen Papstes« und seiner von ihm verschwenderisch ausgestatteten Nepoten.
Urban kam im frischen Alter von fünfundfünfzig Jahren an die Macht, athletisch, kerngesund, musisch und kriegslüstern. Ein »triumphierendes Rom« schwebte ihm vor und ein machtvolles, alles überstrahlendes Papsttum, hatte doch sein Vorgänger, Gregor XV., die Zügel schleifen lassen. Gregor war krank und schwach, die Regierungsgeschäfte hatte statt seiner Kardinal Ludovico Ludovisi geführt, sein Neffe. Gregor: »Datemi da mangiare e al resto pensate voi!« (Gebt mir zu essen und kümmert euch um das übrige!)
Inmitten der endlosen Zimmerfluchten des Palazzo Barberini findet sich im zwei Stockwerke hohen Salone ein monumentales Deckenfresko des Cortona, das die Selbsteinschätzung Urbans eindrücklich demonstriert: Die göttliche Vorsehung weist den Wappen-Bienen der Barberini, den honigsaugenden Genien der päpstlichen Dichtkunst, den Weg direkt in den offenen Himmel mittels der Allegorien der Weisheit, der Frömmigkeit, der Herrschergewalt und der Staatsklugheit.
Die Blütenträume des dichtenden Papstes erfüllen sich nicht. Politisch glücklos, bewirkt Urban auch innerhalb der Kirche nur wenig. Großes Aufsehen erregt unter seiner Ägide die zweite Verurteilung des Galilei, dem unter Androhung der Folter auferlegt worden war, dem kopernikanischen System abzuschwören. Galilei: »Ich, Galileo Galilei, Sohn des verstorbenen Vincenzo Galilei aus Florenz, siebzig Jahre

Giovanni Battista Piranesi, Palazzo Barberini.

alt, persönlich vor Gericht gestellt und kniend vor Euren Eminenzen, den Hochwürdigsten Kardinälen, Generalinquisitoren gegen Ketzerei in der ganzen christlichen Welt, vor meinen Augen habend die Heiligen Evangelien, die ich mit meinen Händen berühre, schwöre, daß ich immer geglaubt habe, gegenwärtig glaube und mit dem Beistand Gottes auch in Zukunft alles glauben werde, was die Heilige Katholische Apostolische Römische Kirche für wahr hält, predigt und lehrt.«

Als Urban 1644 stirbt, atmet man auf in Rom. Durch Vetternwirtschaft war seiner Familie die unglaubliche Summe von über 100 Millionen Scudi zugefallen. »Der Festtag des Nepotismus begann in Rom zur Zeit des Urban VIII. Die Paläste, zum Beispiel der Palast an der Quattro Fontane, ein königliches Werk, die Vignen, die Gemälde, Bildsäulen, das verarbeitete Silber und Gold, die Edelsteine, die ihnen [den Nepoten] zuteil geworden, sind mehr wert, als man glauben und aussprechen kann ...«

»Papa gabello« hatten ihn die Römer wegen seiner überstiegenen Steuerforderungen genannt, den Zollpapst. Einfuhrzölle für Wein aus den Albaner Bergen, das hatte vor ihm noch niemand verlangt.

Die Zeit Urbans ist auch die Zeit des jungen, genialen Gian Lorenzo Bernini, verstand sich doch der »Michelangelo seines Jahrhunderts« nicht nur aufs Bauen und Bildhauern, er wußte auch äußerst effektvoll Feste mit großem Gepränge zu inszenieren und Huldigungsfeiern jedweder Art für seinen päpstlichen Gönner auszurichten. Ein Mann des Theaters, der

Kostüme und Bühnenbilder entwarf, der mit Feuer und Wasser umzugehen verstand, mit Blitz und Donner, der mit den Elementen spielte.

Legendär wurde eine von ihm inszenierte Tiberüberschwemmung. Im Salone des Barberini-Palazzo ließ Bernini einmal aus der Decke des Cortona nach allen Regeln seiner Kunst einen Wassersturz über die ausgelassene Fröhlichkeit der Festgäste niedergehen, der so täuschend ähnlich der Realität entsprach, daß die Gäste unterhalb der göttlichen Allegorien zutiefst erschrocken das Weite suchten.

Eine Vorstellung davon, wie man im Hause Barberini zu feiern verstand, gibt ein Bild des Filippo Lauri wieder, das sich im Museo di Roma befindet, Palazzo Braschi, am Corso Vittorio Emanuele II. Es handelt sich um ein Fest, das die Barberini zu Ehren der Königin Christine von Schweden veranstalteten und das, entsprechend dem Aufwand, Unsummen gekostet haben muß. Da zieht sich ein orientalisch anmutender Zug phantastisch kostümierter Figuren hin, ein goldstrotzender Kutschenkorso, verschleierte Tänzerinnen, feuerspeiende Drachen, Festwagen mit illuminierten Fabelwesen – ein Bild wie aus Tausendundeiner Nacht.

Gian Lorenzo Bernini, Urban VIII.

Der theatralische Charakter von Festen verlieh dem römischen Barock-Spektakel seine besondere Note. Doch theatralisch geriet

Gian Lorenzo Bernini, Selbstbildnis.

dieser Zeit ja fast alles, Plätze, Straßen, Brunnen, die Paläste, aufs glanzvollste ausgestattet mit erlesenen Kunstgegenständen, kostspieligen Möbeln, mit Gemälden, mit Gold- und Silbergeschirr, die bemalten und vergoldeten Kutschen, die Kleidung aus Damast und Brokat, aus golddurchwirkten Stoffen, gleichermaßen für Damen wie für Herren, der kostbare Schmuck.

Sechs Pferde waren gerade richtig, um die Karosse eines Kardinals zu ziehen. Kardinal de Bernis, der zugleich französischer Botschafter in Rom war, trat in der Öffentlichkeit kaum ohne seinen umfänglichen Troß auf, als da waren: achtunddreißig Leibdiener, acht Kuriere, acht Lakaien und zwei Kapläne.

Von einem Bankett in seinem Palazzo wird berichtet, daß von »Herrn und Dienern« auf das »schamloseste« gepraßt worden sei. Und Diener? Auch das kannte man im barocken Rom, und zwar auf ganz spezifische Weise. Lesen wir bei Charles de Brosses, einem Teilnehmer des Banketts, der berichtet: »Kaum wurden uns die Gerichte serviert, als eine Schar fremder Bedienter, leere Teller in der Hand, herbeistürzte und um dieses oder jenes Stück für ihre Herren bat. Namentlich einer von ihnen hielt sich besonders aufdringlich an mich als den wohl Ansprechbarsten aus unserer Gruppe. Ich gab ihm einen Truthahn, dann ein Hühnchen, ein Stück Stör, ein Rebhuhn, eine Scheibe Wildbret, etwas Zunge, etwas Schinken, und jedesmal kam er wieder. ›Mein Freund‹, sagte ich zu ihm, ›wir bekommen alle dasselbe. Warum ißt dein Herr nicht das, was ihm vorgesetzt wird?‹ Detroy, der nicht weit von mir saß, sagte: ›Sei kein Narr. Alles, was er für seinen Herrn erbittet, behält er selbst.‹ Und tatsächlich wurde ich gewahr..., daß die Lakeien miteinander darum wetteiferten, wieviel sie sich in die Taschen stopfen konnten; das getrüffelte Huhn wickelten sie sogar in Servietten ..., denn auch das Leinen war ihnen wertvoll genug, um es mitzunehmen. Die Dreistesten unter ihnen räumten das Geschirr weg. Man sah sie sich aus dem Raum stehlen, die [Teller und Schalen] unter ihren *ferriacuoli* verborgen, den weiten Umhängen, die sie tragen.«

Aber nicht nur, daß die Diener lange Finger machten, auch ihre Herren verstanden sich darauf. Fand etwas ihre besondere Aufmerksamkeit, ließen sie es durch ihre Diener zu sich nach Hause tragen, so versichern es uns die römischen Freunde von Charles de Brosses. Kardinal de Bernis klagt denn auch, daß er auf diese Weise pro Jahr wenigstens fünfundzwanzig bis dreißig Stücke verliere, darunter, was »besonders ärgerlich sei«, auch geborgte Stücke.

»Das Auge ist auf den ersten Blick nicht fähig, dies alles zu erfassen« – eine bewundernde Anmerkung außerhalb der zelebrierten Pracht des Hauses Barberini, sie gilt einem Werk Berninis von besonderer Klasse: dem Baldachin über dem Papstaltar in Sankt Peter. 1625 hatte Urban den neuen Petersdom eingeweiht, Fassade und Kuppel waren vollendet, es fehlte noch an der Ausstattung – im gleichen Jahr wurde Bernini mit den Arbeiten für den Baldachin beauftragt. Das Baumaterial für das achtzig Tonnen schwere und etwa dreißig Meter hohe Werk, die Bronze, kam vom Pantheon, hatten sich doch die Bauherren des »neuen Rom« angewöhnt, die Bauten der Antike vorrangig als Materiallager und Steinbrüche zu betrachten. Eine schlechte Angewohnheit, der sich die Architekten oft allzu willig anzuschließen bereit waren. So liebäugelte Bernini zum Beispiel mit dem gut erhaltenen Denkmal der Cäcilia Metella an der Via Appia, er hätte den Travertin liebend gerne für Reparaturarbeiten verwendet. Urban war auch einverstanden – doch nicht die Römer. Hatten sie sich beim Pantheon noch mit einem ironischen Epigramm begnügt – »Was die Barbaren verschmähten, vernichteten die Barberini!« –, so drohte jetzt ein Volksaufstand, und Urban

Gian Lorenzo Bernini, Hauptaltar in St. Peter.

unten: Basis einer Säule des Hauptaltars mit dem Kopf der päpstlichen Nichte.

mußte zurückstecken. Das Pantheon war seit über tausend Jahren eine christliche Kirche, von Papst Bonifaz IV. im Jahre 609 geweiht, doch zeigte sich Urban davon nicht sonderlich beeindruckt, er hatte keine Skrupel, Sancta Maria Martyres für Sankt Peter zu plündern.

Die Entstehung des Baldachins geht auf ein Gelübde zurück. Papst Urban soll es abgelegt haben für den Fall, daß eine von ihm besonders geliebte Nichte von einem gesunden Barberini-Stammhalter entbunden werde – was offensichtlich dann auch der Fall war. Bernini hält dies erinnernd fest: Ein schmerzverzerrter Frauenkopf auf den Basen der Baldachin-Säulen, angesiedelt zwischen den gekreuzten Schlüsseln des Petrus und den allgegenwärtigen Bienen der Barberini, versinnbildlicht die fortschreitenden Geburtswehen. Das glückliche Ende zeigt den neugeborenen Stammhalter mit einem fröhlichen Lachen an. Ein ungewöhnliches Dekor an ungewöhnlicher Stelle. Besonders aufgeweckte Beobachter wollen sogar einen Zusammenhang erkannt haben zwischen den Wölbungen der päpstlichen Wappenschilder und den Schwangerschaftsstadien der päpstlichen Nichte.

Als die tiefliegenden Fundamente für die schweren Säulen des Baldachins gelegt werden, kommt es zu Problemen. Unterhalb des Altars stößt man auf Skelette aus frühchristlichen Gräbern. Zur gleichen Zeit sterben einige der Aufseher unter nicht ganz geklärten Umständen. Die abergläubischen Arbeiter weigern sich weiterzuarbeiten. Doch Urban wußte um ein bewährtes Mittel, um ihren Arbeitseifer wieder zu erwecken: Geld! Er bot ihnen das Doppelte von dem, was sie zuvor bekommen hatten, und weiter ging es auf wunderbare Weise.

Kopf des neugeborenen Barberini-Stammhalters.

Nach sieben Jahren war das Werk getan. Es wurde zum Triumph des jungen Bernini und zählt heute neben dem Deckengemälde der Sixtinischen Kapelle und der grandiosen Kuppel zu den künstlerisch herausragenden Höhepunkten von Sankt Peter.
»Ihr habt Glück, daß Kardinal Maffeo Barberini Papst geworden ist. Aber Wir haben ein weitaus größeres Glück, Euch zu unserem Zeitgenossen zu haben!« ließ Urban seinen Baumeister wissen.
Gian Lorenzo Bernini diente in seinem langen Leben acht Päpsten, doch keiner stand ihm näher als Urban, der ihn förderte und der ihn bewunderte. In Rom erzählte man sich, der Papst habe Bernini sogar den Spiegel gehalten, als er seinen David, eine Art Selbstporträt, modellierte. Wenn dies auch etwas weit hergeholt erscheint, so ist doch verbürgt, daß der Papst es liebte, Bernini bei der Arbeit zuzusehen. Daß dies

den Neid seiner Kollegen hervorrief, lag auf der Hand. Warum mußte er jeden Tag in die Kirche gehen, fragten sie sich und andere, jeden Tag zur Beichte, wenn alles mit rechten Dingen zuging? Gab es da nicht eine Geliebte oder auch zwei? Und hatte er nicht überhaupt den Morbus gallico?

Bernini war ein frommer, gottergebener Mann, »gelegentlich hochfahrend, von lebhafter Phantasie, einem scharfen Urteil, einem glänzenden Verstand, einem wunderbaren Gedächtnis, ein Mann, der, ohne viel studiert zu haben, alles ohne weiteres zu begreifen schien, was die Wissenschaften lehrten«, und der eine glückliche Ehe führte, aus der elf Kinder hervorgingen. Als Urban stirbt, sehen die Neider ihre Stunde gekommen, wendet sich doch der Nachfolger des Papstes, Innozenz X., von dem vielbeschäftigten Bernini erst einmal ab, wenn auch nicht für lange. Als Innozenz einen Architektenwettbewerb für die Errichtung des Vierströme-Brunnens auf der Piazza Navona veranstaltet, ist Bernini wieder dabei – und gewinnt.

Urban verfügte, daß sein Grabmal neben dem Baldachin in Sankt Peter zu errichten sei, und zwar, der besseren Wirkung wegen, auf der rechten Seite. Dieser Platz war zwar schon besetzt durch das Grabmonument Pauls III., doch war dies dem selbstbewußten Urban kein Grund, auf sein Vorhaben zu verzichten. Er befahl kurzerhand einen Stellungswechsel, und Paul III. mußte sich fortan mit der linken Seite begnügen. Das Grabmal Urbans, ein wuchtiges, barockes Monument, das so ganz dem Papst der »großen Ge-

Gian Lorenzo Bernini, Grabmal Urban VIII.

ste« entsprach, gerät Bernini wiederum zu einem vielgelobten Meisterwerk. »So täuschend echt hat er den großen Urban gemacht und so wahrhaftig die starre Bronze beseelt, daß es den Tod in Person auf dem Grabmal braucht, den Trug zu brechen und zu erinnern, daß er verstorben ist.« *Kardinal Rapacciuoli*

Grabplatte der Familie Bernini in S. Maria Maggiore.

Das »Grabmal« des Bernini: eine kleine, unauffällige Bodenplatte an den Altarstufen in Maria Maggiore, die besagt, daß hier »die noble Familie Bernini ihre Auferstehung erwartet«. Am 28. November 1680 wurde Gian Lorenzo Bernini beigesetzt, »um die zweite Nachtstunde, im Licht von nur vier Fackeln.«

Doch noch einmal zum Palazzo Barberini.

Zur Zeit Urbans VIII. hielt hier ein weitgerühmtes Bildwerk seinen Einzug, das uns ob seiner bewegten Geschichte noch interessiert: der Barberinische Faun. Die um 220 v.Chr. entstandene griechische Statue – wohl einem Heiligtum des Dionysos entstammend – stellt einen trunken-schlafenden Satyr dar. Sie wurde um 1620 bei Erdarbeiten in der Engelsburg entdeckt und erregte sogleich größtes Interesse. Urban hatte denn auch schnell seine Hand auf dem kostbaren Stück. Er erklärte den Fund zum Fideikommiß, was »zu treuen Händen« bedeutete, und bestimmte die Statue zum unveräußerlichen Eigentum der Barberini.

Lange stand der Faun im Palazzo Barberini, bis sich 1799 die in Geldnot geratene Familie dann doch entschloß, ihn zu verkaufen. Der Kaufpreis betrug viertausend Scudi. Die Käufer waren der Bildhauer Vincenzo Pacetti (der die Statue auch restaurierte, er führte das bereits von Bernini in Stuck ergänzte rechte Bein und den linken Arm in Marmor aus) und der Bankier Torlonia. Später besannen sich die Barberini, die ihres Verkaufs wohl nicht so ganz froh wurden, dann wieder auf den Fideikommiß und erreichten, daß ihnen der Faun be-

Schlafender Satyr. Sogenannter Barberinischer Faun, um 220 v. Chr.

dingungslos zurückgegeben werden mußte – was eine Flut von Prozessen nach sich zog.
Währenddessen tauchte 1810 der Kunstagent des bayerischen Kronprinzen Ludwig auf, Martin von Wagner, und zeigte lebhaftes Interesse für den Faun. Ludwig: »Eifrigst, eifrigst, lieber Wagner ... B. Faun muß, wenn nicht Unmöglichkeit absolut da ist, mein werden. Lassen Sie mir nur nicht Faun entgehen, nur recht schnelle, wäre sonst untröstlich darüber.« Und Wagner hatte Glück. Nachdem den Barberini der Faun wieder zugesprochen worden war, verkauften sie ihn erneut, an Ludwig I., für achttausend Scudi. Und erneut brachten sie wenig später den Fideikommiß wieder ins Spiel. Aber damit kamen sie diesmal nicht durch. Papst Pius VII. entschied, daß der Faun als rechtmäßiges Eigentum des Kronprinzen zu gelten habe, doch eine Ausfuhr nicht gestattet werden könne und daß die Statue im Vatikan in Verwahrung genommen werde.
Der österreichischen Kaiserin Karoline, einer Schwester Ludwigs, gelingt es dann anläßlich eines Rom-Besuches im Jahre 1819, den Faun aus dem Vatikan zu befreien. Man erzählt sich, sie habe bei Pius VII. um die Herausgabe eines Gefangenen gebeten, ohne zu sagen, um wen es sich dabei eigentlich handle. Der Papst, in der Überzeugung, daß die Kaiserin für keinen Unwürdigen bitte, habe dem Wunsch entsprochen – und seine Zusage auch gehalten, als er erfahren habe, daß mit dem Gefangenen der Barberinische Faun gemeint war.
Am 6. November 1819 verläßt die Statue Rom. Am

Dreikönigstag 1820 kommt sie nach einer beschwerlichen, von Unglücken verfolgten Reise in München an. Seitdem steht sie im Mittelpunkt der Glyptothek am Königsplatz.

Ein anderer unruhiger Wanderer, der mit den Barberini lange verbunden war, ist der Obelisk des Hadrian, der heute auf dem Pincio steht, nahe der Piazzale Napoleone.

Dieser Obelisk, den Kaiser Hadrian einst seinem so sehr geliebten Antinous widmete, dem schönen bithynischen Jüngling, der in den Fluten des Nils ertrunken war, lag an die hundertfünfzig Jahre vor der Hauptfassade des Barberini-Palazzo, zerbrochen in drei Teile und seiner Aufrichtung harrend. Kardinal Francesco Barberini, der Neffe Urbans, hatte ihn erstanden, um die Barberinischen Gärten mit ihm zu schmücken, waren doch Obelisken, Relikte des Ägyptenkults in Rom, große Mode. Die Gründe, warum es nicht zur Aufrichtung kam, sind unbekannt. Nach einer Zwischenstation in den Gärten des Vatikans gerät er schließlich unter Papst Pius VII. auf den Pincio. Hier gelingt es, ihn »nach seiner früheren Gestalt« wieder aufzurichten, im Jahre 1822, eintausendsiebenhundert Jahre nach Hadrian.

Eine reizvolle Obelisken-Situation bietet sich im übrigen an der Kreuzung der Via delle Quattro Fontane und der Via del Quirinale, nur wenige Schritte vom Palazzo Barberini entfernt. Von hier aus ist der Obelisk des Sallustius zu sehen, oberhalb der Spanischen Treppe, dann der Obelisk an Santa Maria Maggiore, den einst Sixtus V. aufstellen ließ und der vom Mau-

Der Pincio-Obelisk nach Athanasius Kircher. Im Hintergrund der Palazzo Barberini.

soleum des Augustus kam, und der Obelisk vor dem Quirinal, ebenfalls vom Mausoleum des Augustus stammend, flankiert von Castor und Pollux mit ihren Rössern, nach denen der Platz seinen Namen hat: Monte Cavallo.

An der Kreuzung der Via delle Quattro Fontane der Palazzo Drago, heute Sitz des British Council. Hier, im Hause des Kardinals Albani, begann der unaufhaltsame Aufstieg des Johann Joachim Winckelmann.

Winckelmann, ein Name, der bis auf den heutigen Tag Klang und Bedeutung hat. Aus einer armseligen Schusterwerkstatt in Stendal stammend, gelangte er in Rom zu höchsten Ehren. Sein 1764 in Rom erschienenes Buch »Geschichte der Kunst des Alterthums« bestimmte fast zwei Jahrhunderte lang den Kunstgeschmack in Europa. *Palazzo Drago (Albani)*

Dieses Buch, eine Stilgeschichte der Kunst, forderte nicht mehr und nicht weniger, als daß sich aus dem Geist der Griechen die Kunst und die Menschen zu ändern hätten. »Keinen Schritt wage ich weiter, ohne das Werk gelesen zu haben«, so Lessing. Und Goethe notierte: »Mit Andacht halten wir seine Schrift in Händen.« Eine Rückbesinnung auf die Antike und ihren Formenkanon war die Folge. Überall entstanden klassisch geprägte Denkmäler, Tempel, Friedhöfe. Die Damenwelt erging sich in klassisch-strengen Kostümen, Möbel und Kunstgewerbe gaben sich klassisch, die klassische Literatur und Kunst wurden wiederentdeckt, ja entstanden neu. Die »Nachahmung der Griechen«, so wie Winckelmann sie forderte, um »groß, ja wenn möglich unnachahmlich zu werden«, wurde zum Gebot der Zeit, die »edle Einfalt, stille Größe« zum Schlagwort des 18. Jahrhunderts.

Für die »neue Kunst«, die des Barock und Rokoko, hatte Winckelmann keinen Blick. Bernini mit seinem

»allerliebsten Muschelwerk« galt ihm schlicht als der leibhaftige Antichrist.

1755 war er nach Rom gekommen, achtunddreißig Jahre alt. Vom Dresdner Hof hatte er ein Stipendium erhalten, um hier seine Kunststudien weiterzutreiben. Mit den neuerworbenen Kenntnissen erwartete man ihn alsbald zurück. Doch Rom nahm Winckelmann so gefangen, daß er an eine Rückkehr nicht denken mochte, jedenfalls nicht so schnell. Zunächst wohnte er in einem Gasthaus an der Via Sistina auf dem Pincio, später im Palazzo Zuccari und in der Cancelleria am Corso Vittorio Emanuele.

In den Jahren zwischen 1755 und 1758 reist er mehrmals nach Neapel, um sich an den Ausgrabungen in Paestum und Herculaneum zu beteiligen. Hier hat er seine erste direkte, seine ursprüngliche Begegnung mit der Antike, mit dem unter meterhohen Tuffsteindecken verborgenen römischen Alltag. Seine »Sendschreiben« über die »herculanischen Entdeckungen« erregen Aufmerksamkeit – und Unruhe. In Neapel ist es auch, wo ihn die Anfrage des Kardinals Albani erreicht, ob er Lust habe, für ihn als Bibliothekar und Privatsekretär zu arbeiten. Winckelmann sagt sofort zu, war dies doch eine Chance, seinen Rom-Aufenthalt erst einmal wieder zu verlängern. Gleich nach seiner Rückkehr aus Neapel wechselt er das Quartier und zieht in den Palazzo des Kardinals an der Quattro Fontane ein. Dort bewohnt er den

Johann Joachim Winckelmann.

Turm, der ihm zum »schönsten Ort von Rom« wird, mit der »schönsten Aussicht in Gärten, in alte Trümmer, bis hin auf die Landhäuser von Frascati und Castel Gandolfo«.

Palazzo Drago (Albani).

Der Aufenthalt im Hause Albani wird für Winckelmann die glücklichste Zeit seines Lebens. Die Tagesgeschäfte – darunter die Betreuung einer umfangreichen Antikensammlung des Kardinals – lassen ihm Raum für eigene Studien und Forschungen, und im Laufe der Zeit entwickelte sich zwischen den beiden Männern eine tiefe Freundschaft.

Alessandro Albani war seinem Zuschnitt nach noch ein rechter Renaissance-Kardinal, von hoher Bildung, lebensfroh, leichtlebig, ja auch leichtsinnig und im hohen Maße kunstliebend. In seiner Jugend, so wird berichtet, soll er mit Ausdauer schönen Frauen nachgegangen sein – zum Leidwesen seines Papst-Onkels, Clemens XI., der sich zudem darüber grämte, daß sein Neffe nun partout den schwarzen Rock nicht tragen, nicht Priester werden wollte. Innozenz III. schließlich gelingt es, den unruhigen Geist für die Kirche zu gewinnen. Er machte ihn zum Kardinal – ohne Priesterweihe, was dazumal ja durchaus möglich war, ließ ihm Vermögen zukommen und be-

traute ihn mit Aufgaben, die seinen natürlichen Anlagen entsprachen, seinem Redetalent und seinem diplomatischen Geschick.
Doch war Albani das Schicksal nicht nur gut gesonnen: Mit zunehmendem Alter erblindet er. Die geliebten Schätze seiner Sammlerleidenschaft kann er schließlich nur noch ertasten.

1763 verlegt Kardinal Albani sein Domizil an die Via Salaria. Dort, etwas außerhalb der Stadt, hatte er sich eine neue Villa bauen lassen, nachdem es ihm auf dem Quirinal für seine reiche Kunstsammlung zu eng geworden war, die Villa Albani. In den weitläufigen Sälen des neuen Hauses, wie auch in den stimmungsvoll angelegten Gärten, präsentierten sich die Kunstschätze nun nicht mehr nach dem Muster einer klassischen Kunstsammlung, sondern mehr beiläufig, in einem – scheinbar – mehr zufälligen Mit- und Nebeneinander. Ihre Wirkung aber war, entsprechend der Zuordnung von Kunstwerk zu Kunstwerk, genau kalkuliert – eine bereits reichlich moderne Art der Kunstpräsentation.

Villa Torlonia (Albani)

An der Via Salaria führte Albani ein großes Haus. Hier trafen sich Künstler, Politiker und Dichter, aufwendige Feste wurden gefeiert, und oft genug ging es dabei hoch her. Hausgenosse und Sekretarius Johann Joachim Winckelmann wußte denn auch in den heimatlichen Norden zu berichten: »Der Adel ist hier ohne Stolz und die großen Herrn ohne Pedanterie. Man kennet hier mehr als bei uns, worin der Wert des

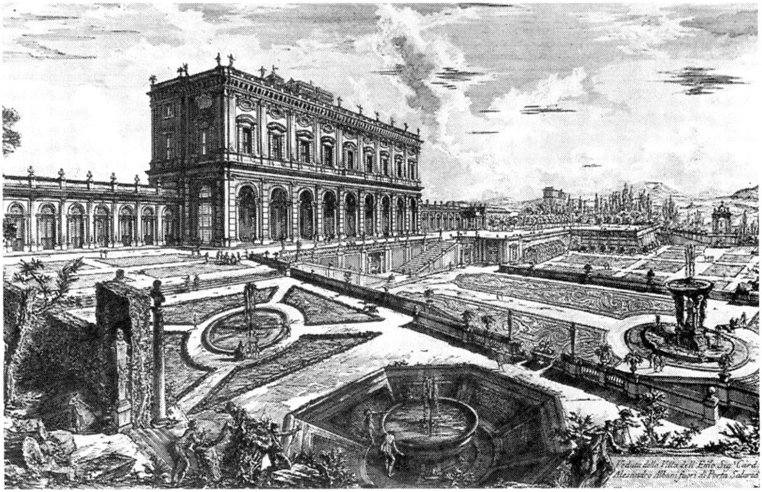

Giovanni Battista Piranesi, Villa Torlonia (Albani).

Lebens bestehet; man suchet es zu genießen und andere genießen zu lassen.« Daß auch die großen Damen ohne Pedanterie waren, dies blieb auf Winckelmann, den geborenen Männerfreund, offensichtlich ohne Wirkung. »Ich habe niemals so hohe Schönheiten in dem schwachen Geschlecht als in dem unsrigen gesehn«, notierte er. »Was hat denn das Weib Schönes, was wir nicht auch haben?«

Unterdessen hatte Papst Clemens XIII. Winckelmann zum »Commissario delle Antichitá della Camera Apostolica« ernannt, das heißt, zum päpstlichen Antiquar und Präsidenten der Altertümer in Rom. Diese herausragende Position war mit einem Gehalt verbunden, das Winckelmann in seinem Vorhaben bestärkte, nunmehr für immer in Rom zu bleiben.

Ein Jahr nach dem Umzug zur Via Salaria erscheint

Johann Winckelmanns,
Präsidentens der Alterthümer zu Rom, und Scrittore der Vaticanischen Bibliothek,
Mitglieds der Königl. Englischen Societät der Alterthümer zu London, der Maleracademie
von St. Luca zu Rom, und der Hetrurischen zu Cortona,

Geschichte der Kunst
des Alterthums.

Erster Theil.

Mit Königl. Pohlnisch- und Churfürstl. Sächs. allergnädigsten Privilegio.

Dresden, 1764.
In der Waltherischen Hof-Buchhandlung.

Titelblatt von Winckelmanns »Geschichte der Kunst des Alterthums«, 1764.

seine »Geschichte der Kunst des Alterthums«, in der es in der Einleitung heißt: »Diese Geschichte der Kunst weihe ich der Kunst und der Zeit, und besonders meinem Freunde, Herrn Anton Raphael Mengs.« Mengs war, wie Winckelmann, ein leidenschaftlicher Kunsttheoretiker, der sich als ein »Maler der Antike« verstand und der Winckelmanns Forderung, daß »der Pinsel, den der Maler führet, in Verstand getunkt sei und er mehr zu denken hinterlasse, als was er dem Auge gezeiget«, voll und ganz entsprach. Von Mengs, der wie Winckelmann vom Dresdner Hof kam und der in Rom eine beachtliche Karriere machte, gibt es in der Villa Albani eine schöne Parnaß-Darstellung zu sehen.

Doch bekam die Freundschaft zwischen den beiden Männern auch einen bösen Riß: Mengs hatte gemeinsam mit Canova eine Zeus-Ganymed-Gruppe gemalt, von der er gegenüber Winckelmann behauptete, sie stamme aus der Antike. Winckelmann fiel auf diesen »Scherz« herein und veröffentlichte die Fälschung »als allerschönste Figuren aus dem Altertum«. Die Kennerschaft des berühmten Winckelmann war, wenn auch nur kurz, in Frage gestellt.

Winckelmann wußte, daß die meisten Menschen ein Kunstwerk erst verstehen, wenn es ihnen erklärt wird. Deshalb hat er viele Kunstwerke beschrieben und damit viel für deren Verständnis beigetragen. Er tat dies in einer Sprache, von der er forderte, daß sie für sich genommen von der gleichen »erleuchteten« Prägnanz zu sein habe wie der Stil des beschriebenen Kunstwerkes. Ein kurzer Auszug seiner Beschreibung der berühmten Laokoon-Gruppe, diesem »unerschöpflichen Quell von Betrachtungen der Natur und der Weisheit, noch mehr aber der Kunst«, sei hier wiedergegeben: »Laokoon ist eine Natur im höchsten Schmerz nach dem Bilde eines Mannes gemacht, der die bewußte Stärke des Geistes gegen denselben zu sammlen sucht, und indem sein Leiden die Muskeln aufschwellet und die Nerven anziehet, so tritt der mit Stärke bewaffnete Geist in der aufgetriebenen Stirn hervor, und die Brust erhebt sich durch den beklemmten Othem und durch Zurückhaltung des Ausbruchs der Empfindung, um den Schmerz in sich zu fassen und zu verschließen. Das bange Seufzen, welches er in sich ziehet, erschöpfet den Unterleib und macht die Seiten hohl, welches uns gleichsam von der Bewegung seiner Eingeweide urteilen lässet.

Sein eigenes Leiden aber scheinet ihn weniger zu beängstigen als die Pein seiner Kinder, die ihr Angesicht zu ihrem Vater wenden und um Hülfe schreien: denn das väterliche Herz offenbaret sich in den wehmütigen Augen und schwimmet wie in einem trüben Duft auf denselben. (Dieses können nur Sonntags-Kinder, so wie die Gespenster, sehen. Aber es ist kein Hirn-Gespinst.)

Der Mund ist voll Wehmut, und die gesenkte Unterlippe schwer von derselben: in der überwärts gezogenen Oberlippe aber ist sie mit Schmerz vermischt, welcher mit einer Regung von Unmut, wie über ein unwürdiges Leiden, in die Nase hinauftritt, dieselbe schwülstig macht und sich in den erweiterten und aufwärts gezogenen Nüstern offenbaret. Unter der Stirn ist der Streit zwischen Schmerz und Widerstand wie in einem Punkt vereinigt mit großer Weisheit gebildet. Denn indem der Schmerz die

Augenbrauen in die Höhe treibet, so drücket das Sträuben wider denselben das obere Augenfleisch in die Höhe und gegen das obere Augenlid zu, so daß dasselbe durch das übergetretene Fleisch beinahe ganz bedecket wird.«

Winckelmann hielt die Laokoon-Gruppe noch für ein griechisches Original. Inzwischen weiß man, daß es sich um eine römische Kopie nach einer griechischen Bronze aus dem zweiten Jahrhundert v. Chr. handelt. Sie wurde 1506 in der Nähe des Kolosseums gefunden, an der Stelle des ehemals goldenen Hauses des Nero, und steht heute im Vatikanischen Museum. Michelangelo hat sie restauriert, wenn auch nicht so ganz glücklich – er hatte Probleme mit dem rechten Arm.

Linke Seite: Laokoon-Gruppe. Römische Marmorkopie nach einem hellenistischen Bronzeoriginal.

Merkwürdigerweise hat Winckelmann Griechenland, das Land seiner Träume, nie gesehen. Weiter südlich als Neapel ist er nicht gekommen. Die Kunst der Griechen, die er doch über alles stellte, glaubte er hinlänglich in Rom zu finden und traf dabei doch zumeist auf römische Kopien, dazu in makellosem Weiß, nicht wissend, daß die Griechen ihre mit glühenden Edelstein-Augen und künstlichen Wimpern ausgestatteten Skulpturen bunt bemalt hatten.

Viele Berühmtheiten seiner Zeit hat Winckelmann in Rom geführt, dies gehörte mit zu den Aufgaben des »Commissario delle Antichitá«. Wenngleich er damit auch ganz in seinem Element war, so ist es ihm die reine Freude doch wohl nicht immer gewesen, absolvierten doch die hohen Besucher die antiken Trümmerfelder oft als eine Art lästiger Pflichtübung. Das brachte ihn besonders auf. »Das größte fürstliche

Vieh, welches ich kenne«, schrieb er etwa über den Herzog von York, der es bei seinem Rom-Besuch an der angemessenen Aufmerksamkeit hatte fehlen lassen.

Von anderer Art dagegen ein Brief an Baron Friedrich Reinhold von Berg: »Edler Freund, so wie eine zärtliche Mutter untröstlich weint um ein geliebtes Kind, das ein gewalttätiger Fürst ihr entreißt und zum Sterben auf das Schlachtfeld schickt, ebenso bejammere ich die Trennung von Ihnen, mein edler Freund, mit Tränen, die mir aus der Seele fließen. Ein unbegreiflicher Zug zu Ihnen, den nicht Gestalt und Gewächs allein erweckt, ließ mich vom ersten Augenblick an, da ich Sie sah, eine Spur jener Harmonie fühlen, die über menschliche Begriffe geht und von der ewigen Verbindung der Dinge angestimmt wird. In vierzig Jahren meines Lebens ist dieses der zweite Fall dieser Art, und es wird vermutlich der letzte sein ... Hätten Sie, mein Freund, Ihren Aufenthalt in Rom um nur einen einzigen Monat verlängert, alle meine Zeit wäre Ihnen gewidmet gewesen, Stunden der Muße und des vertraulichen Gesprächs würden unsere Freundschaft auf festen Grund gebaut haben. Ich hätte mich Ihnen mit deutlicheren Worten erklären müssen, da ich bemerkt habe, daß meine Art zu sprechen Ihnen unverständlich war. Seien Sie überzeugt, daß ich Sie ohne Anspruch liebe, und entziehen Sie mir Ihre gütige Zuneigung nicht. Ich küsse Ihnen die Hände und bedanke mich wie für einen großen Schatz, den Sie mir mit Ihrer Liebe hätten schenken wollen. Der Genius unserer Freundschaft wird Ihnen überallhin folgen, hier aber wird Ihr Bild mein Heiligtum sein. Ihr Johann Joachim Winckelmann.«

Im Frühjahr 1768 reist Winckelmann nach Deutschland. Besuche an verschiedenen Fürstenhöfen sind vorgesehen, Briefe sollen überbracht und Freunde besucht werden. Doch befällt ihn auf dieser Reise bald eine »unerklärliche Unruhe und Schwermut«. Er schreibt: »Und soviel Gewalt ich mir auch angetan habe, dieselbe zu unterdrücken, so sehe ich kein anderes Mittel zu meiner Beruhigung, als nach Rom zurückzukehren.« Am 1. Juni trifft er in Triest ein. Von hier will er mit einem Schiff weiter nach Venedig reisen. Triest aber wird zu seiner letzten Station. In der Locanda Grande, einem Gasthof nahe dem Hafen, wo er sich anonym einquartiert hatte, wird er ermordet, erstochen von einem homosexuellen Koch namens Arcangeli. Sechs Stiche brachte der Mörder Winckelmann bei, wovon zwei das Zwerchfell und die Bauchwand verletzten. »Fünf Pfund Blut waren in der Bauchhöhle angestaut. Diesen beiden Wunden«, hieß es in dem von drei Ärzten unterzeichneten Sektionsbefund, »haben wir wegen des großen und unvermeidlichen Blutverlustes, wegen der Unmöglichkeit der Atmung, wegen der Verletzung des Magens und seines Eintritts in die Brusthöhlung als absolut tödlich und als hauptsächliche Ursache des wenige Stunden nach der Verwundung eingetretenen Todes beurteilt.«

Arcangeli laut Gerichtsprotokoll: »Ich sage die Wahrheit, daß ich nicht wußte, wer jener Mann war, da nicht ich die Bekanntschaft mit ihm gesucht habe, sondern er meine Freundschaft suchte ...«

Eine erste Grabstätte findet Winckelmann in der Kirche San Justo zu Triest, eine Kirche, die auf den Resten eines alten griechischen Tempels steht. Später geraten seine Überreste in ein Massengrab, dessen Lage nicht mehr bekannt ist.

Villa Albani, Stätte des Glücks, eines Traumes und seiner Erfüllung. »Meine Hände hebe ich alle Morgen auf zu dem, der mich in dieses Land geführt ...« hatte Winckelmann einst von hier geschrieben.

Dreißig Jahre später gehen die von Winckelmann so geliebten und gehüteten Kunstschätze der Villa Albani zum größten Teil nach Paris. Napoleon ließ sie ebenso mitgehen wie viele andere Kostbarkeiten aus den Villen und Palästen Roms. Nur weniges davon kam zurück, darunter ein Relieffragment mit dem Bildnis des Antinous, des schönen bithynischen Jünglings, bei dessen Tod Kaiser Hadrian einst heiße Tränen geweint hatte, ein Lieblingsstück von Winckelmann und Albani. Nicht zurück kam ein anderes Lieblingsstück des Kardinals, ein Obelisk, der einst Mittelpunkt der prächtigen Gärten der Villa gewesen war. Ihn finden wir heute in München wieder, er steht im Hofgarten der Münchner Residenz, gegenüber dem Eingang zur Staatlichen Sammlung Ägyptischer Kunst. Kronprinz Ludwig I. hatte sich in Paris für ihn begeistert und ihn kurzentschlossen für München erworben.

Antinous.

Inzwischen sind die Kunstbestände der Villa Albani

wieder beträchtlich angewachsen. Dafür sorgten die vermögenden Torlonia, die die Villa im Jahre 1866 übernahmen. Die Torlonia, Nachkommen eines fahrenden Händlers, verfügten über hohe Einnahmen aus dem italienischen Tabakmonopol und hatten großen Grundbesitz in Rom.

Eine ihrer Villen stellten sie seinerzeit Mussolini zur Verfügung. Der Duce wohnte dort mit seiner Familie zu einem Mietpreis von jährlich einer Lira »auf unbestimmte Zeit«. Diese Villa, an der Via Nomentana gelegen, hält unterhalb ihres weitläufigen Parks in einem antiken Katakombengang die größte private Skulpturensammlung Roms verborgen. Man spricht von über sechshundert Stücken, die hier, sardinengleich gelagert, auf das Licht des Tages hoffen. Bisher vergeblich. Die Sammlung bleibt, aus welchen Gründen auch immer, weiterhin »der Öffentlichkeit nicht zugänglich«!

Palazzo del Quirinale

Palazzo del Quirinale, 9. Dezember 1668: Vor dem Palazzo fährt, begleitet von einem Troß päpstlicher Truppen, Christine, die Königin von Schweden, vor. Ihr zu Ehren hat Papst Clemens IX. zu einem festlichen Bankett geladen, eine hohe, ja huldreiche Auszeichnung, die Christine zur Padrona di Roma erheben wird, ist doch der Palazzo del Quirinale den Damen ansonsten verwehrt, wobei den weiblichen Mitgliedern der Papstfamilie, der Rospigliosi, in diesem besonderen Falle erlaubt worden war, sich hinter den schweren Wandteppichen zu verstecken. Nun raunte man in Rom hinter vorgehaltener Hand, Christine sei

Palazzo Quirinale, nach einem zeitgenössischen Stich.

ihrem Auftreten nach »und auch sonst« als Dame ja auch kaum jemals in Erscheinung getreten, eher schon als Fuhrknecht oder ähnliches. In der Tat, Christine wußte durch Haltung und Kleidung die Römer oft zu provozieren, und sie gab sich dabei besonders gerne betont männlich. Doch davon später und in Verbindung mit ihrem Palazzo Riario auf der anderen Tiberseite. Hier galt es eine Königin zu ehren und eine wahrhaft treue Tochter der Kirche, die ihr Land verlassen und ihrer Krone entsagt hatte um des rechten Glaubens willen.

Werfen wir einen Blick in den festlich dekorierten Bankett-Saal, den man sich wohl eher als eine Art Theater vorzustellen hat, mit Bühne, mit Darstellern und Zuschauern.

»Auf einer Bühne stehen nahe nebeneinander zwei Tische, der eine höher als der andere. Über die rotgoldene Samtdecke auf dem höheren und über das Atlastuch des anderen Tisches sind weiße Tücher gelegt. Der höhere Tisch ist für den Papst bestimmt, der niedere, von einem Baldachin gekrönte, für die Königin. Im Saal unter der Bühne, der für die Gäste und Zuschauer bestimmt ist, stehen vor der Wand Soldaten der Schweizer Garde mit ihren Hellebarden, nahe der Bühne neben einer Tragorgel zwei Sänger, starr wie Figurinen an einem Orchestrion. Auf ein Zeichen des Monsignore Maggiordomo tritt die Königin auf, nach wenigen Augenblicken erscheint auf der gegenüberliegenden Seite der Papst. Man begrüßt einander mit feierlich steifen Verneigungen. Die Königin nimmt dem Maggiordomo die Serviette, die er dem Papst reichen will, aus der Hand und übergibt sie dem Papst. Man sagt einander in gebührender Distanz Höflichkeiten, bis der Papst mit einer einladenden Handbewegung die Königin bittet, Platz zu nehmen. Sie wartet, bis der Papst sich gesetzt hat. Der Mundschenk Giambattista Spinola, heute noch Monsignore, bald schon Kardinal, kniet wie bei der Messe nieder und kredenzt statt des Weines rote Limonade, denn der Papst wie die Königin trinken keinen Wein. Zwischen den beiden Tischen steht Monsignore Fabei, um den Austausch des höflichen Gesprächs zu erleichtern. Papst und Königin trinken einander einige Male zu. Die Königin erhebt sich bei jedem Zutrunk, trotzdem der Papst nicht wollte.

Das Servieren der Speisen durch Kämmerer in prunkvollen violetten Uniformen überwachen zwei Nepoten des Papstes, Don Tommaso Rospigliosi, der Kastellan der Engelsburg, und Don Giambattista, der General der Armee des Kirchenstaates.

Nach dem Essen werden die weißen Tischtücher entfernt, und auf die seidene und samtene Decke werden silberne Körbe und Schüsseln mit Früchten und Konfekt gestellt: trionfi da tavola, die mit dem Monogramm des Papstes versehen sind.

Nachdem auch von Früchten und Konfekt genommen worden war, hebt der Papst die Tafel auf, und die Königin läßt sich auf einem Stuhl nieder, der neben den päpstlichen Tisch gestellt wurde. Nach einer kurzen Konversation zieht sich der Papst zurück, durch die gegenüberliegende Tür entfernt sich die Königin.

Nach dem Abschiedsbesuch beim Papst wird die Königin von dem Gefolge, das sie aus ihrem Palazzo Riario abgeholt hatte, heimbegleitet.« *Josef Mühlberger*

Zweifellos weht uns hier etwas vom Geist der »opera comica« entgegen, ein naheliegender Vergleich, geht doch diese humoreske Spezies auf ebendiesen Papst zurück, auf Clemens IX., der eine Künstlernatur war, ein Dichter. Sein Werk »Chi soffre spera«, das er noch als Kardinal geschrieben hatte, galt zu seiner Zeit als Prototyp der »opera comica« und wurde in Rom groß gefeiert. Die Uraufführung fand im Palazzo Barberini statt, im Hause Urbans VIII., seines Gönners.
Der dichtende Clemens und die geistvolle wie spitzzüngige Christine wußten dem festlichen Bankett sicherlich das Ihre abzugewinnen, waren sie doch Hauptdarsteller und Publikum zugleich.
Zum Zeitpunkt ihres denkwürdigen Zusammentreffens blickte der Ort der Begegnung, der Palazzo del Quirinale, auf die ersten hundert Jahre seiner Baugeschichte zurück. Gregor XIII. (der Papst der Kalenderreform) ließ 1574 mit den Arbeiten beginnen, aufbauend auf einer bereits vorhandenen Villa des Kardinals Ippolito d'Este. Eine Sommerresidenz war geplant, weg vom offiziellen Rom, weg vom Vatikan, für die Erholung wie für die Repräsentation gleichermaßen geeignet. Die Wahl ihres Standorts wird mit einem oft zitierten »lauen Lüftchen«, das hier oben geweht haben soll, in Verbindung gebracht, im Gegensatz zur stickigen Luft der vatikanischen Tiberniederung. Doch haben kritische Zeitgenossen herausgefunden, daß der Hügel des Quirinal etwa zehn

Meter tiefer liegt als die Hügel des Vatikans. Das laue Lüftchen allein wird also nicht ausschließlich der Grund gewesen sein, hier eine Sommerresidenz zu errichten.

Der Platz aber war gut gewählt – und er war zutiefst geschichtsträchtig. Hier stand einmal der Tempel des Quirinus, von daher hat der Hügel seinen Namen. Hier baute Kaiser Konstantin seine »mit Gold und Mosaiken geschmückten« Thermen, die beiden Statuen mit ihren Pferden, die den Obelisken des Augustus vor dem Palazzo flankieren, stammen noch aus dieser Zeit. Kaiser Domitian wurde hier geboren, in der »Granatapfelstraße«, wie uns Sueton berichtet, »in einem Haus, das er später in einen Tempel der Gens Flavia umwandelte«. Ja selbst die Wiege des sagenhaften Romulus soll auf dem Quirinal zu suchen sein.

Die Sommerresidenz der Päpste nahm dann nach und nach geradezu gigantische Formen an, sie bekam schließlich, die weitläufigen Gärten inbegriffen, den Umfang eines ganzen Stadtviertels, begrenzt von der Via della Dataria, der Piazza und der Via del Quirinale (mit der unmittelbaren Nachbarschaft des Palazzo della Consulta, dem ehemaligen päpstlichen Gerichtsgebäude) und der Via dei Giardini.

Fast dreihundert Jahre regierten die Päpste im Palazzo del Quirinale, zweiundzwanzig von ihnen starben hier, alle hinterließen ihre Spuren, jeder baute dazu, jeder baute an, baute um. Den dominierenden Geschützturm neben dem Hauptportal steuerte Urban VIII. bei, der Mentor des kunstsinnigen Clemens IX., desgleichen eine Anzahl Kanonen, die er aus dem geheiligten Bronzedach des Pantheons hatte gießen lassen.

Die Architekten des Palazzo gehörten zu den besten Roms: Ponzio, Mascherino, Fontana, Maderna, Bernini, Fuga, und auch für die Innenausstattung, für den Glanz der Säle, der Gemächer und Kapellen – eine davon hat die Größe der Sixtinischen Kapelle im Vatikan – war das Aufgebot der Bildhauer und Maler nicht minder opulent, bis hin zu Guido Reni. Auffallend inmitten der weitläufigen Pracht ist das kleine Speisezimmer, es faßt knapp vierzig Personen. Dafür aber bietet es den schönsten Blick, den man auf das grandiose Panorama der Ewigen Stadt haben kann, inklusive der Tausende und Abertausende Fernsehantennen.

Palazzo Quirinale. Gartengrundriß nach einem zeitgenössischen Stich.

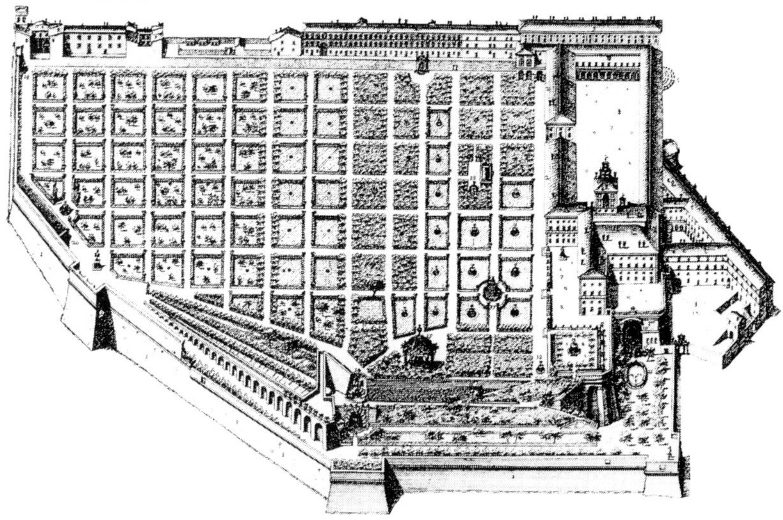

Im Quirinal wurde und wird noch hohe Politik gemacht. Nach den Päpsten zog der italienische König hier ein, nach ihm, 1946, der Staatspräsident. Mussolini verkündete von hier den »Sieg der faschistischen Revolution« und gab dem zu Gast weilenden Reichskanzler und Führer Adolf Hitler kund, »daß keine Kraft auf Erden uns entzweien kann«. Gast im Palazzo war auch Kaiser Wilhelm II. mit Gemahlin. Für sie wurde eigens ein neues Bad gebaut, mit den sanitären Verhältnissen stand es wohl nicht zum besten im Palazzo. Für den ersten deutschen Bundespräsidenten, Professor Heuss, stand zwar ein Bad zur Verfügung, doch fehlte es an einer Steckdose für den Rasierapparat, wie noch im letzten Augenblick bemerkt wurde. Rasierte sich der Präsident trocken oder naß, mit einem Apparat oder einem Messer? Zur Vorsicht sorgte man für beides. Als in den sechziger Jahren der französische Staatspräsident nach Rom kam, wurden vierzehn Räume im Quirinal-Palast für ihn umgebaut. Die Hausherren auf dem Quirinal wußten zweifellos, was sie ihren hohen Gästen schuldig waren.

Dreihundert Jahre Papstgeschichte in diesem Palazzo – sie gerieten nicht selten zur opera tragica. 1798 besetzten Napoleonische Truppen den Kirchenstaat, auf dem Palazzo wehte die Trikolore, die Residenz des Papstes wurde zur Kaiserresidenz erklärt. Es waren die Auswirkungen der Französischen Revolution, der Geist der Aufklärung, die Probleme des Absolutismus, die zur Konfrontation geführt hatten. Der amtierende Papst, es war Pius VI., wurde für abgesetzt

Palazzo Quirinale.
Einer der
Empfangsräume.

erklärt, nachdem er für den französischen König Ludwig XVI. einen Trauergottesdienst gehalten und päpstliche Truppen den französischen General Duphet erschossen hatten. Besonderer Ehrgeiz wurde diesem Papst nachgesagt und ein hohes Maß an Eigenliebe, hielt er sich doch allen Ernstes für den schönsten aller Päpste. Die Pontinischen Sümpfe wollte er trockenlegen lassen, auch wenn er dabei die Schatzkammer ruinierte. Die Eigentumstitel an dem so gewonnenen Sumpfland waren schon vergeben, an seine Neffen, als die Order erging, der »Bürger Papst« habe Rom innerhalb von drei Tagen zu verlassen. Auf einer Bahre brachte man den achtzigjährigen Papst über den Mont Genévre nach Grenoble. Seine persönliche Habe wurde als französisches Staatseigentum erklärt und verkauft. Ein Jahr später starb er in der Zitadelle von Valence. »Eine Ungeheuerlichkeit« waren ihm die proklamierten Menschenrechte der Französischen Revolution gewesen. »Gedankenfreiheit, Rede- und Pressefreiheit, kann man sich etwas Unsinnigeres vorstellen als eine derartige Freiheit aller?« hatte er gefragt.

Seinem Nachfolger, Pius VII., war ein ähnliches Schicksal beschieden, wenn auch nicht ganz so arg. Auch sein böser Geist hieß Napoleon, dessen Truppen 1809 zum zweitenmal nach Rom gekommen waren, um dem Kirchenstaat ein zweitesmal ein Ende zu machen. Eine »veraltete Maschine« hatte Napoleon das Papsttum genannt, die – so sinngemäß – aus dem Verkehr zu ziehen sei, das Oberhaupt der Kirche habe sich lediglich auf die Leitung der Seelen zu beschränken. Noch 1804 war der Papst zur Krönung Napoleons nach Paris gereist. Auch wenn er dabei lediglich für die Salbung zuständig war, zu seiner tiefen Enttäuschung, so blieb die Einladung für sich betrachtet doch bemerkenswert. Die Krone setzte sich Napoleon eigenhändig auf, und auch die ihm erst im letzten Augenblick angetraute Josephine wurde von ihm und nicht vom Papst gekrönt.

»Er setzte ihr die Krone auf, setzte sie wieder ab und setzte sie wieder auf, wie um ihr zu versprechen, daß sie ihr niemals schwer werden sollte ...« wie uns Madame Junet zu berichten weiß. Und Madame verrät uns auch, daß aus den »Augenbewegungen« Napoleons erkennbar gewesen sei, daß er das Öl des Papstes »von Haupt und Händen gerne wieder abgewischt hätte«. Und der frischgekrönte Kaiser habe auch Mühe gehabt, sein Gähnen zu unterdrücken.

Doch war Napoleon um seinen hohen Gast wohl bemüht. Um dem Papst einen ungefährdeten Übergang über die Alpenpässe zu ermöglichen, hatte er die Wegstrecken markieren lassen, und in Fontainebleau, dem Quartier des Papstes, fand Pius VII. zu seiner Überraschung eine genaue Kopie seiner Wohngemächer aus dem Quirinal vor.

Fünf Jahre später jedoch ist der Bruch perfekt. In der Nacht zum 6. Juni 1809 schlagen französische Truppen mit der Axt das Tor zum Palazzo Quirinale ein, verhaften den in die Paulinische Kapelle geflüchteten Papst und führen ihn mit Gewalt ab. Es wurde ihm nicht erlaubt, das Nötigste mitzunehmen. Der Zorn Napoleons war groß, prangte doch an allen Kirchen-

Louis David, Die Krönung Napoleons I., Josephine und Napoleon, Detail.

türen in der Stadt die Bannbulle gegen die »Räuber des Patrimonium Petri«. Nur mit einem papetto in der Tasche, wird berichtet, das waren etwa fünfzig Pfennige, habe der Papst den Quirinal verlassen. Seine Brille hatte er im Handgemenge bei der Festnahme verloren. Fünf Jahre verbringt Pius VII. in französischer Gefangenschaft. Mit dem Ende der Ära Napoleon kommt er frei, muß aber noch einmal fliehen, als Napoleon die Flucht von Elba gelingt und die alte Rivalität wieder auflebt. Kurze Zeit später kann der Papst endgültig zurückkehren. Er überlebt seinen Widersacher um zwei Jahre.

Im »Triumphzug« war er zurückgekehrt, im »bewunderten Märtyrergewand«, wie Ranke schreibt. Durch

Louis David, Die Krönung Napoleons I., Gesamtansicht.

Thorvaldsen, Grabmal Pius VII.

improvisierte Triumphbögen hindurch wird seine Kutsche bis vor seinen Palazzo auf dem Quirinal gezogen, von den »Söhnen der besten Familien Roms«.
Den letzten Papst im Quirinal ging das Schicksal besonders hart an, Pius IX. (1846-1878). Er wurde nicht verhaftet, er floh, er wurde nicht verbannt, er ging von sich aus, nachdem ihm die Römer, seine »lieben Kinder«, den Stuhl vor die Tür gesetzt hatten. In seine Zeit fällt das Ende des Kirchenstaates. Es ist die Zeit der Mazzini, Cavour und Garibaldi, Italien ist auf dem Weg zur Republik.
In der Cancelleria wird der Ministerpräsident des Papstes ermordet. Die Aufständischen belagern Pius IX. im Quirinal, ein Geschütz ist gegen den Palazzo gerichtet. Sein Sekretär, Monsignore Palma, wird durch ein Fenster des Palazzo erschossen, die Scharf-

schützen hatten sich zwischen den Statuen des Pollux und des Castor eingenistet, hinter dem Obelisken. Mit einem großen Hut und weitem Wollschal getarnt, flieht der Papst bei Nacht und Nebel nach Gaeta, wo er sich unter dem Schutz des Königs von Neapel sicher weiß. Währenddessen wird der Quirinal zum Hauptquartier der Aufständischen. Mazzini wohnt auch hier – in einem kleinen Bedienstetenzimmer. Doch der Papst kommt zurück. Die Ironie des Schicksals will es, daß es die Franzosen sind, die unter Louis Napoleon dem Spuk in Rom ein Ende bereiten und den Palazzo für den Papst zurückerobern. Zwanzig Jahre noch konnte sich der Papst im Quirinal behaupten, dann war seine Zeit endgültig zu Ende, dann mußte er Platz machen für Viktor Emanuel II., den einstigen König Sardiniens, der 1861 zum ersten König des geeinten Italien ausgerufen worden war. 1871 zog Viktor Emanuel II. in den Palazzo ein (gegen seinen Willen übrigens, er vermochte dem Riesenpalazzo nicht viel abzugewinnen), der Papst hatte sich zu verabschieden.

Papst Pius IX.

In der Folge betrachtete sich Pius IX. als »Gefangener des Vatikans«. Die ihm zugesicherten Immunitätsrechte und die Zusicherung exterritorialer Gebiete vermochten ihn nicht zu besänftigen. »Wir verlangen die Rückerstattung Unserer Länder, denn sie sind nicht Unser persönliches Erbe, sondern das Erbe des heiligen Petrus, der sie von Christus erhalten hat«, ließ der Papst wissen. Eine Jahresrente von 3225000 Lire, die ihm der junge italienische Staat zubilligte, lehnte er ab. Den Katholiken verbot er per Dekret, sich am politischen Leben des »usurpierenden« Königreichs Italien zu beteiligen. Viktor Emanuel II. wurde von ihm exkommuniziert – und das gleich mehrmals. Dagegen schickte er privatim dem »Räuberkönig« stets höfliche Briefe, und Emanuel fügte seinen Antwortschreiben stets die Bitte um den päpstlichen Segen bei.

Die Rivalität zwischen dem Königshaus und dem Vatikan trieb denn auch die farbigsten Blüten. Sie spaltete die römische Gesellschaft, das heißt die alten, adeligen Familien, ja verfeindete sie wie selten zuvor. Die Massimo, die Caetani, die Orsini, die Borghese, die Barberini, die Colonna, die Chigi, die Aldibrandani, vertraute Namen, sie scheuten sich nicht, bei dieser Gelegenheit auch die eine oder andere alte Rechnung zu begleichen, die bis dahin offengeblieben war.

Für die Rom-Liebhaber unserer Tage ist das Ende des Kirchenstaates gleichbedeutend mit einem letzten Untergang dieser Stadt, einem Untergang, der eine »historisch gewachsene Melancholie zertrümmerte«. Die neue Hauptstadt, das neue Rom, zeigte Ehrgeiz. Breite Straßenzüge wurden angelegt, riesige Verwaltungspaläste entstanden, der Tiber wurde eingefaßt – hygienisch und praktisch. Doch fielen dafür ganze mittelalterliche Viertel der Spitzhacke zum Opfer,

Gregorovius, der große Deutschrömer, spricht von einem »von Motten zerfressenen Prachtteppich, der ausgestaubt wurde und dabei in Fetzen zerfiel«. Alte Stiche, mehr noch alte Photographien vermitteln uns noch einen Hauch von der atmosphärischen Dichte des päpstlichen Rom und der am Menschen und seinen Bedürfnissen orientierten Art und Weise, in dieser Stadt zu leben.

Pius IX. war ein frommer Mann, und er galt als ein vorbildlicher Priester. 1985 wurde seine Heiligsprechung eingeleitet. Die Politik aber war seine Sache nicht, und politische Händel waren ihm zuwider. »Warmherzig, schwachköpfig und vollkommen unvernünftig«, so das Urteil des österreichischen Kanzlers Metternich, dessen Politik Europa vierzig Jahre lang dominierte. Die Zeichen der Zeit vermochte dieser Papst denn auch nicht zu erkennen, er vermochte nicht zu sehen, daß die Zeit reif war für eine politische Umgestaltung, daß das Volk Anteil forderte an der politischen Willensbildung. Und die Römer nahmen ihm das übel, ja viele haßten ihn dafür. Als sein Leichnam nach S. Lorenza fuori le Mura überführt wurde, versuchte man, seinen Sarg in den Tiber zu werfen. Im letzten Augenblick konnte dies gerade noch verhindert werden.

Auf zwei herausragende Ereignisse seiner Zeit sei noch hingewiesen: auf das Dogma von der Unfehlbarkeit des Papstes in Lehrfragen – der spektakulärste Glaubenssatz der katholischen Kirche, durchgesetzt von Pius IX. gegen eine starke innerkirchliche Opposition – und auf das Dogma von der unbefleckten

Empfängnis Marias, an das die Mariensäule auf der Piazza di Spagna erinnert, vor dem Palazzo der spanischen Botschaft. »Die Lehre«, so der Papst, »daß die seligste Jungfrau Maria im ersten Augenblick ihrer Empfängnis durch einzigartiges Gnadengeschenk und Vorrecht des allmächtigen Gottes im Hinblick auf die Verdienste Christi Jesu, des Erlösers des Menschengeschlechtes, von jedem Fehl der Erbsünde rein bewahrt blieb, ist von Gott geoffenbart und deshalb von allen Gläubigen fest und standhaft zu glauben. Wenn sich deshalb jemand, was Gott verhüten möge, anmaßt, anders zu denken, als es von Uns bestimmt wurde, so soll er klar wissen, daß er durch eigenen Urteilsspruch verurteilt ist ...« Ein Glaubenssatz, der innerhalb der Kirche zu tiefgreifenden Kontroversen führte – bis hin in unsere Zeit.

Pius IX., der »Gefangene des Vatikans«, starb 1878. Gut fünfzig Jahre dauerte es noch, bis der Vatikan im Jahre 1929 Italien als Königreich mit der Hauptstadt Rom anerkannte, unter Pius XI. Im Gegenzug entschädigte Italien den Papst für den Verlust des Kirchenstaates und akzeptierte den Katholizismus als Staatsreligion. Es kam zu den bekannten Lateran-Verträgen, der Vatikan wurde ein selbständiger, souveräner Staat.

Der Segen urbi et orbi, der Stadt und dem Weltkreis, schloß künftig auch wieder den Quirinal mit ein.

Wir kommen jetzt zur Fontana Trevi. Sie ist sehr schön. Alle Fremden werfen eine Münze hinein. Deshalb heißt ein Film ›Drei Münzen im Brunnen‹. Der Brunnen ist die Fontana Trevi. Sie ist wirklich sehr schön. Wenn keine Fremden da sind, steigen die Knaben in das Wasser und holen die Münzen wieder heraus. Dann essen sie zu Hause Spaghetti. Im Sommer steht ein Polizist da. Er paßt auf, daß die Fremden es nicht sehen, wenn die Knaben die Münzen wieder herausholen. Über dem Felsen, wo das Wasser herunterfällt, sind Figuren. Sie sind alle grau und haben nicht viel an. Es gibt auch einen Wein, der heißt Acqua di Trevi. Er ist sehr gut, weil er schäumt und weil man die Äpfel schmeckt, die sie hineingetan haben, damit es mehr wird ...« *Aus einem Schulaufsatz*

Fontana di Trevi.

Die Fontana di Trevi, dieses brausende, barocke Opernszenario der Götter, Nymphen und Tritonen, nimmt die gesamte Südfassade des Palazzo Poli ein, ein Palazzo, der über lange Jahre ein wichtiger Treffpunkt deutscher Künstler und Intellektueller in Rom war – ein Pendant zum Caffè Greco gewissermaßen,

Palazzo Poli

wenn auch hier nicht »entsetzlich gequalmt und geflucht« wurde und »großen Schlächterhunden, die für die Verbreitung von Ungeziefer sorgten«, der Eintritt verwehrt blieb. Im Palazzo Poli ging es gesittet, ja nobel zu, hier wurde disputiert, musiziert, es wurden Vorträge gehalten und Dichterlesungen veranstaltet, hier traf sich, wer Rang und Namen hatte, ja selbst die italienische Königin samt ihrem Gefolge ward im Palazzo Poli gesehen.

Franz Liszt, der in Rom die Fürstin Caroline von Sayn-Wittgenstein zu heiraten gedachte, wurde hier nach einem Konzert enthusiastisch gefeiert. Richard Wagner hielt im strahlend illuminierten Palazzo eine Rede über »Das Deutsche«. Ferdinand Gregorovius, der 1876 Ehrenbürger der Stadt wurde, erläuterte einer aufmerksam lauschenden Festgesellschaft sein Humanitätsideal der Vereinigten Staaten von Europa – mit Rom als der künftigen Hauptstadt ... Illustre Stimmen im Schatten der glanzvollen Fontana di Trevi – sie sollten nicht vergessen sein.

Achtzigtausend Kubikmeter Wasser stürzen täglich, von Neptun souverän dirigiert, in das Becken von Roms monumentalstem Brunnen, Wasser aus der zweitausend Jahre alten Acqua Virgine. Das schwungvolle Papstwappen und die von den vier Tugenden umstandene Inschrift oberhalb des Brunnens verweisen auf seinen Stifter, auf Papst Clemens XII. aus dem Hause Corsini. Die Römer verdanken ihm einige bemerkenswerte Bauten, die mit Hilfe seines familiären Reichtums entstanden, so zum Beispiel auch das Museum antiker Skulpturen auf dem Kapitol.

»... Verstehe nicht, warum das Wasser nur so aus dem Felsen kommt, hätte gedacht, es würde richtig springen, vielleicht ist der Mechanismus kaputt, ist ja oft so in Italien. Viele ungewaschene Kinder, wollen alle Geld. Wenn man den Neptun ansieht, kann man nur sagen, Michelangelo ist besser. Oben Inschrift von irgendeinem Papst, der das Ganze gebaut hat, angeblich weil zu wenig Wasser da war. Wegen des Wassers allein einen solchen Aufwand – die Päpste wußten eben nicht, wohin mit dem Geld ...« *Tagebuchaufzeichnung eines Touristen*

Wer des Rummels müde ist, für den hält die Piazza del Grillo eine unverhoffte Überraschung bereit: Ruhe! Eine Insel, ein Idyll inmitten der hektischen, vom Verkehrs- und Lärmkollaps bedrohten Stadt. Möglicherweise hat dies zu tun mit dem Geist des Friedenskaisers, des Augustus, dessen Forum in unmittelbarer Nachbarschaft gelegen ist – obwohl ja auch schon zu seiner Zeit über den anhaltenden Lärm in der Stadt geklagt wurde. Und wenn schon nicht der Geist vom Forum, dann sind es die engen, steilen Gassen, die es den stinkenden Benzinvehikeln schwer machen.

Palazzo del Grillo

Palazzo del Grillo.

Es gilt als schick, hier oben zu wohnen. Und dies um so mehr, wenn man als Adresse für sein Appartement gar den Palazzo del Grillo zu nennen weiß. Ein »Grillist« gilt etwas in der Nachbarschaft. Und hat er keinen Titel, so hat er doch Geld – meist hat er beides.

Der immer noch mittelalterlich anmutende Palazzo mit seinem zinnengekrönten Turm war ehemals der Familiensitz der aufrührerischen Grilli. Sie waren Parteigänger der Colonna und damit die Todfeinde der Orsini. Doch nicht von Mord und Intrige soll die Rede sein, sondern von einem ungewöhnlichen, ja seltsamen Sproß des Stammes Grillo, von einem mutigen Mann, der sagte, was er dachte, was ganz unerhört war in Rom, dem Marchese del Grillo. Seinen Zeitgenossen und besonders denen der Obrigkeit (es war die

Zeit Pius' VII.) hielt er den Spiegel vor, voller Provokation, wenn auch nicht frei von Schadenfreude. Immerhin, da war niemand und schon gar keiner seines Standes, der sich ähnliches zu tun erlaubte. Dem reizvollen Erinnerungsbuch des Daniele Verè, »Der Schatten der Spanischen Treppe«, sei dazu die folgende Geschichte entnommen:

»Bei einer anderen Gelegenheit hörte der Papst, als er beim Mittagsmahl saß, die Glocke einer benachbarten Kirche in tiefen Schlägen wie zu einem Begräbnis ertönen. Eine andere Glocke fiel in den schwermütigen Klang ein, dann noch eine und noch eine, bis alle Glocken Roms, auch die von Sankt Peter sogar, erklangen wie für eine dahingeschiedene Seele. Nun war aber eine solche Einstimmigkeit der Glocken nur zu erreichen, wenn der Heilige Vater selbst gestorben war. So war es erklärlich, daß im Vatikan große Aufregung entstand und von allen Teilen der Ewigen Stadt dringende ängstliche Anfragen kamen. Ein Bote wurde zu den nächstliegenden Kirchen gesandt. ›Wer war es?‹ fragte er. ›Wer ist gestorben?‹ Aber niemand wußte es. Der Auftrag, die Totenglocke zu läuten, war in jedem einzelnen Falle vom Marchese del Grillo gekommen, jedoch ohne nähere Erklärung. Wiederum wurde der Marchese geholt, und der entrüstete Papst fragte, was er diesmal wieder getan habe. Der keineswegs reumütige Marchese geruhte, eine Erklärung abzugeben. ›Heiliger Vater‹, sagte er, ›ich habe gerade einen Prozeß gewonnen.‹ – ›Nun, und?‹ – ›Mein Gegner war ein sehr armer Mann, und obwohl es stimmt, daß ich ihm Geld schuldete, dessen Zahlung ich verweigerte, konnte er die Gerichtskosten nicht aufbringen ...‹ – ›Immerhin hätte er doch einen Anwalt finden können.‹ – ›Das tat er auch. Aber ich gab eine Menge Geld aus, um die Richter zu bestechen, und obwohl ich vollständig und offensichtlich im Unrecht war, gewann ich den Prozeß.‹ – ›Und würden Sie mir nun wohl sagen, was dies mit dem Läuten der Kirchenglocken zu tun hat?‹ – ›Davon wollte ich gerade sprechen. Da ich meinen Prozeß gewonnen habe, obwohl mein armer Gläubiger im Recht war, so folgt daraus, daß im Kirchenstaat die Gerechtigkeit tot sein muß. Und sicherlich ist die Gerechtigkeit nicht weniger wert, betrauert zu werden, als ein Papst. Deshalb habe ich für das Läuten der Kirchenglocken in Rom bezahlt.‹«

»Sein ganzes Leben hat er Scherze gemacht«, so der Papst über den Marchese. Einen Scherz aber machte sich der Marchese auch noch im Tode. Da hatte er also verfügt, daß die Teilnehmer an seinem Trauerzug eine brennende Kerze zu tragen hätten, die er zuvor heimlich mit Feuerwerk und Knallkörpern hatte präparieren lassen. Das Gezische und Gekrache beim Begräbnisgang erweckte zwar nicht mehr den Marchese, doch trieb es die erschreckten Trauergäste in die Flucht. Und genau das hatte der teure Verblichene beabsichtigt, glaubte er doch – aus den Wolken herabschauend – lediglich in den Ausharrenden seine wahren Freunde und Anhänger zu erkennen. Ein einziger nur soll geblieben sein, sein getreuer Diener.

Nicht zu vergessen beim Besuch der Piazza del Grillo: das Haus der Rhodosritter und den Torre dei Conti, von wo aus der wahnsinnige Nero auf das brennende Rom geblickt haben soll. Der Turm entstand zwar erst im 13. Jahrhundert, doch in seinem Kern geht er auf die Antike zurück. Es hätte schon sein können, daß ...

Es gibt in Rom viele prächtige und großartige Paläste, die den Besuch lohnen. Ich habe mich jedoch auf den Palast des Fürsten Colonna beschränkt, den ich mit sehr aufmerksamen Augen besichtigte. Da ich dort manche Sehenswürdigkeit vorfand, so ist es wohl angebracht, im einzelnen darauf einzugehen...« so Johann Caspar Goethe in seiner »Reise durch Italien im Jahre 1740«, einer Kavalierstour anläßlich der bestandenen Promotion des kaiserlichen Rates.

Palazzo Colonna

Der Palazzo Colonna am westlichen Hang des Quirinal-Hügels gehört mit zum Prächtigsten, was Rom zu bieten hat. Immer wieder umgebaut und immer wieder vergrößert, erhielt er sein heutiges Aussehen um 1730. Vier flachgeschwungene Brücken verbinden den Palazzo mit seinen am Hang gelegenen Gärten über die Via della Pilotta hinweg.

Eindrucksvoll die schönen Innenhöfe und die Palazzina di Giuliano delle Rovere, die aus dem 15. Jahrhundert stammt.

Im Inneren des Palazzo treffen wir auf glanzvolle Festsäle – und auf die berühmte, von Kardinal Girolamo Colonna begründete Colonna-Galerie mit zahlreichen Porträts von Mitgliedern der Familie.

Girolamo Colonna war ein Urenkel des legendären

Giuseppe Vasi, Palazzo Colonna.

Helden von Lepanto, der 1571 in einer blutigen Galeerenschlacht das christliche Abendland erfolgreich gegen die Eroberungsgelüste der Türken verteidigte. Ein Deckenfresko in der Galerie geht auf das Leben des Seehelden ein, des Marcantonio, seines Zeichens Admiral und König von Sizilien. Im Thronsaal wird seine Seekarte aufbewahrt. So man mag, kann man hier die Schlacht von Lepanto noch einmal schlagen – mit Hilfe der von Marcantonio hinterlassenen strategischen Anmerkungen.

Im Thronsaal finden wir auch den obligaten Papst-Stuhl, der, entsprechend einem alten Brauch in den römischen Adelspalästen, dem Papst als Sitzgelegenheit diente, wenn er die Familie besuchte, der aber sonst nicht benutzt werden durfte.

»Des weiteren gibt es eine Reihe von Gemälden, die früher unverhüllt waren, dann aber unterhalb des Na-

bels mit Tüchern verhängt wurden, um das Ärgernis zu vermeiden, das schwache Seelen daran genommen hatten. Diese Bilder sind geschickt gemacht, doch alles, was man davon noch sehen kann, weist darauf hin, daß sie sehr unzüchtig sein müssen. Anschließend betritt man den großen und prächtigen Salon, wo es zahlreiche kunstvoll gemalte Spiegel gibt, die aussehen, als wären sie echt. Große Marmortische. 32 Kerzenleuchter aus Kristall. 30 Marmorstatuen. 100 Gemälde verschiedener Meister. Ein Schrank aus Elfenbein mit Basrelief. Ein anderer aus Ebenholz. Ein noch kostbarerer Schrank mit eingelegten Edelsteinen von hohem Wert, dessen Preis sich auf über 1 000 Scudi beläuft. 30 weitere Gemälde guter Meister. Schließlich ein Kabinett mit kleinen Bildnissen. Von dort stiegen wir in die darunter liegenden Räume hinab, die ebenfalls mit Kostbarkeiten angefüllt sind,

Palazzo Colonna. Innenhof.

zu denen auch 80 Bildnisse der fürstlichen Familie gehören. Ein Basrelief, das die berühmte Apotheose Homers darstellt. Eine Säule aus rotem Marmor vom Triumphbogen Konstantins. In einem weiteren Saal im Erdgeschoß ein schönes Fresko und in der Mitte ein Springbrunnen mit frischem Wasser. Im Garten steht eine Statue des Marcantonio Colonna ...« *Johann Caspar Goethe*

Die Colonna sind eine alte, höchst traditionsreiche Familie, deren Stammbaum bis zu den etruskischen Herrschern von Tusculum zurückreicht. Mit drei Päpsten in der Zeit von 1012-1045 hatten ihre Vorfahren das Papsttum quasi im Familienbesitz. Oddone Colonna wird 1417 auf dem Konzil zu Konstanz als Martin V. zum Papst gewählt. Er war der Sohn des Kardinals Agapito Colonna und dessen Mätresse Katharina aus dem alten römischen Adelsgeschlecht der Conti.

Papst Martin V.

Der Papst aus dem Hause Colonna und Conti war es denn auch, der mit dem Ausbau der familiären Festung in Rom begann, dem heutigen Palazzo Colonna.

Der riesige Grundbesitz der Familie erstreckte sich im Süden bis an die Grenze des Königreichs Neapel und im Norden bis zur Romagna. Mit diesem Grundbesitz und seinen zum Teil mächtigen Befestigungen hatten die Colonna im Mittelalter weitgehend die Kontrolle über die Zufahrtswege nach Rom – ein unschätzbarer Vorteil im Machtkampf der römischen Patrizierfamilien dieser Zeit. Erzfeind der Colonna war seit jeher die »Bärenbrut« der Orsini. Mit ihnen teilen sie sich zwar bis heute als päpstliche Thronassistenten die höchste weltliche Würde der »Päpstlichen Kapelle«, doch hielt sie das nicht davon ab, sich immer wieder mit ihnen anzulegen, sie über Jahrhunderte zu bekämpfen. Und nicht nur die Orsini hatten sie im Visier, auch mit anderen großen Adelsfamilien legten sich die Colonna immer wieder an, oder, auch das kam vor, sie verbündeten sich mit ihnen – gegen einen gemeinsamen Feind. Und was den Papst anging, so waren sie mal für und mal gegen ihn, das hielten sie ganz so, wie es ihnen am vorteilhaftesten erschien. Und in der Wahl ihrer Mittel waren sie dabei keineswegs wählerisch ...

Im Mai des Jahres 1297 überfallen die Colonna einen Geldtransport des Papstes Bonifaz VIII. auf dem Wege von Anagni nach Rom, wobei sie »achtzig Säcke mit Geld und Gold gefüllt« erbeuten, Geld, das »von den Tränen armer Prälaten und Klerikern der neunzehn Benefizien des Papstes erpreßt« worden war, wie sich später die Kardinäle Giacomo und Pietro Colonna für den Anführer der Raubritter, Stephano Colonna, zu rechtfertigen suchen. Bonifaz, zutiefst getroffen, verlangt Geld und Gold zurück, dazu die Auslieferung der Täter und – als Bürgschaft – die Übergabe der Colonna-Burgen in der Campagna. Doch die Colonna weigern sich. Auf dem Hauptaltar von Sankt Peter legen sie eine Anklageschrift gegen den Papst nieder, in der sie die rechtmäßige Wahl des Bonifaz bestreiten, und dazu behaupten, der Papst habe seinen Vorgänger, Papst Cölestin V., ermorden lassen. (Papst Cölestin, »Engelpapst« genannt, hatte unter dem Einfluß des Bonifaz auf seinen Thron verzichtet. Bei der Aufbahrung seines Leichnams zur Heiligsprechung fand man in seinem Kopf einen Nagel...)

Die Colonna: »Wir entgegnen, daß wir Euch nicht als den rechtmäßigen Papst ansehen, und verklagen Euch vor dem Kollegium der Kardinäle. Keiner kann die geistliche Autorität aufheben, der sie nicht verleihen kann. Die päpstliche Gewalt kann nur einer aufheben, Gott. Wäre die Verzichtleistung Papst Cölestins gültig, so wäre die päpstliche Autorität aufgehoben. So ist die Verzichtleistung unzulässig.« Nur in einem Konzil könnten diese Fragen geklärt werden, hieß es. Dann wolle man auch über den gewaltsamen Tod Cölestins V. sprechen.

Die Rache des Bonifaz: Giacomo und Pietro Colonna verloren ihre Würden und Einkünfte, sie wurden exkommuniziert, ihre Siegel mit dem Hammer zertrümmert. Das Haupt der Familie, Sciarra Colonna, mußte fliehen. Das gesamte Geschlecht bis zum vierten Grad wurde von allen weltlichen und geistlichen Ämtern ausgeschlossen, ihre Güter wurden eingezogen oder vernichtet, so wie die Burg Zagarolo, die Burg Pozzaglia, die Stadt Nepi. Zum Schluß befahl Bonifaz dann den Sturm auf Palestrina, den Stammsitz der Colonna. Wie einst die Römer über die Trümmer des zerstörten Karthago ließ Bonifaz Salz in die

Papst
Bonifaz VIII.

Furchen der umgepflügten Erde der Stadt streuen, zum Zeichen ihres endgültigen Untergangs. Sechstausend Tote waren zu beklagen.

»Ich bin Cäsar, ich bin Kaiser«, so der unbarmherzige Bonifaz, ein Mann, der berauscht war von seiner Macht, der statt seiner Tiara eine Krone auf dem Kopf trug und der den diplomatischen Abgesandten an seinem Hofe mit dem Schwert in der Hand gegenübertrat. Unbarmherzig, aber einfallsreich war dieser Papst: Am 22. 2. 1300 verkündete er das erste Heilige Jahr in der Geschichte der Kirche. Allen Pilgern, die

zu diesem Anlaß die Gräber der Apostel Petrus und Paulus besuchten, sei vollkommener Ablaß ihrer Sündenschuld gewährt. Ein segensreicher Einfall, nicht zuletzt auch für die strapazierte päpstliche Kasse.
Am 6. September 1303 schlägt die Stunde des Sciarra Colonna. Er kommt zurück nach Anagni. Durch Verrat öffnen sich ihm die Tore des päpstlichen Palastes, die den Papst umgebenden Würdenträger werden ermordet. Sciarra steht vor Bonifaz, auch er jetzt mit dem Schwert in der Hand, und verlangt erneut dessen Abdankung sowie die Rehabilitierung seiner Familie. Bonifaz: »Eher sterben! Ec le col, ec le cape – da der Hals, da der Kopf!« Doch einen Papst mit dem Schwert zu töten, das war wohl auch einem Colonna nicht gegeben. Ein Faustschlag ins Gesicht des Papstes – so die Legende – ist die Quittung des Sciarra Colonna.
Fünfunddreißig Tage nach diesem Vorfall ist Bonifaz tot. Er stirbt als Gefangener der Orsini – unter deren Schutz er von Anagni nach Rom zurückgekehrt war.
Mit Papst Bonifaz, dem »Wolf, der nur christliche Feinde verfolgte und sich nie um die heilige Aufgabe der Kirche kümmerte« (Dante), endet die große mittelalterliche Epoche des Papsttums, und es beginnt die Periode der »Gefangenschaft« von Avignon ...
Zur Zeit Sixtus' IV., der Rom in endlose Kriege stürzte, der »mitratief in Verbrechen und Blutvergießen watete«, kommt es dann erneut zu einem mörderischen Zusammenstoß mit den Colonna. Als der kriegslüsterne Sixtus sich mit dem neapolitanischen

König anlegt, stellen sich die Colonna zum großen Teil auf die Seite der Neapolitaner. Lorenzo Colonna, dessen Bruder Fabricio der erste Connetable, der erste Heerführer, in Neapel war, hatte dafür zu büßen: Der Henker schlug ihm in Rom dafür den Kopf ab. Sixtus IV. ereilte der Tod in einer Gefechtspause zweier Kriege, er wurde sozusagen vom Frieden erschlagen.

Macht, Haß, Gewalt – wie aber stand es mit der Liebe im Hause der aufsässigen Colonna?

Auch hier hatten sie einiges zu bieten, sie pflegten sie nicht minder ausdauernd und leidenschaftlich wie ihre Eroberungsgelüste. Da war der strahlende Held von Lepanto, Fürst Marcantonio Colonna, der von der Schönheit einer gewissen Euforsina aus Ciociara so geblendet war, daß er ihren Mann ermorden ließ, um sie als Mätresse in seinen Palazzo zu holen. Doch machte ein Massimo sie ihm wieder abspenstig, er heiratete sie – was sich für die schöne Euforsina nicht unbedingt als Vorteil erwies, wurde sie doch im Palazzo der Massimo erschossen.

Da war die schöne Maria Mancini, Gattin des Lorenzo Colonna und Nichte des französischen Kardinals und Premierministers Mazarin, »das beste und verrückteste Mazarin-Mädchen«, das sich lange Hoffnung darauf gemacht hatte, Königin von Frankreich zu werden – als Jugendgeliebte Ludwigs XIV. Doch der allmächtige Mazarin hatte schließlich bestimmt, daß sie Lorenzo Colonna zu heiraten habe, unter Beigabe einer Mitgift von zweihunderttausend Talern. Maria Mancini gab sich folgsam und pflegte, trotz reichen Kindersegens, ihre Amouren, etwa die mit Kardinal Flavio Chigi oder dem Chevalier de Lorraine, dem Sohn des Herzogs von Lothringen. Fürst Lorenzo wußte sich unterdessen mit der Marquise Rusca zu trösten, die – neben anderen Vorzügen – über einen Palazzo verfügte, der dem der Colonna unmittelbar benachbart war. Zeitweilig vertreten wurde die Marquise durch die temperamentvolle Marquise Murti, einer abgelegten Freundin des Kardinals Barberini ...

Da war die schöne Giulia Conzago Colonna, die während eines Ausritts auf den türkischen Großadmiral Barbarossa traf. Ob sie ihm dabei »in die Hände fiel« oder ob sie sich dabei fallen ließ, das ist nie geklärt worden. Der einzige Zeuge, ein sie begleitender Kavalier, wurde bei ihrer Rückkehr in den Palazzo, bei der sie »nur noch halb bekleidet war«, hingerichtet.

Da war Vittoria Colonna, die schönste von allen und die klügste, verstand sie doch »gewichtige Gedanken in himmlische Worte zu kleiden«, was sagen will: Sie war eine Dichterin. Ihre Sonette schrieb sie im Stil des Francesco Petrarca, jenes Fixsterns am Himmel des Humanismus, dem die Colonna einst Schutz und Wohnstatt in ihrem Palazzo geboten hatten.

Wer oft mich sah, wenn wirr schien meine Seele,
der glaubte wohl, daß Eifersucht in Stücke
sie risse und daß Liebesschmerz mich quäle.

Doch ach, ich, bebend, stand nur auf der Brücke,
die deine Welt und deine stolzen Fahrten
nur schwach verband noch mit dem Frauenglücke.

Dich, der den Sieg verehrt, mich, die den zarten
Frieden nur liebt, uns freuten selten Stunden,
die süß vereinten und mit Lust nicht sparten.

Und des rhythmischen Wohlklangs wegen in der ihr eigenen Sprache:

Non nuoce a voi tentar le dubbie imprese.
Ma a noi, dogliose, affitte, che aspettando
Semo da dubbio e da timore offese!

Die »Epistola« der Vittoria Colonna gilt dem Marquese Ferrante Francesco d'Alvalos, ihrem Mann – ein legendärer Kriegsheld, der 1525 die Franzosen bei Pavia schlug und der mit diesem Sieg dem deutschen Kaiser die Vorherrschaft über Italien gewann. Doch ward dem Marquese, »der schönen Sonne«, ein früher Tod bestimmt. Mit Ruhm bedeckt und tief betrauert, starb er an den Folgen seiner Kriegswunden. Und vierzig Pferde zogen seinen Leichenwagen ...

Vittoria Colonna. Zeitgenössische Medaille.

Zehn Jahre lang bleibt Vittoria allein auf ihrem Landsitz in Ischia. Dann macht sie sich, sechsundvierzigjährig, auf nach Rom. Hier nun stehen die Götter bereit, ihr Gutes zu tun, sie trifft auf »Italiens grandiosesten Geist«, auf Michelangelo. Und vollends entflammt ihr Herz für den großen Bildhauer und Maler, und voll und ganz gibt sich Michelangelo der schönen Seele der Vittoria Colonna hin. Und es entsteht ein »Geben und Nehmen, Anregen, Verehren und Folgen ...«, wie Kasimir Edschmid in seinem schönen Italien-Buch erzählt. »Dieser selbstverständliche Austausch von Erdachtem und Gesichertem, dieses sich fast restlose Verstehen zweier Seelen, die den höchsten Rang besaßen, aber auch die höchsten Verpflichtungen für ihre Arbeit und ihr Wirken zu übernehmen entschlossen waren ..., diese Freundschaft der berühmtesten Fürstin Italiens mit Italiens grandiosestem Geist ist eine der wenigen menschenwürdigen Idyllen in dem blutig und unruhevoll vorüberrollenden Zug der Renaissance.«

Ein Jahrzehnt dauert die Freundschaft zwischen Vittoria und Michelangelo, dann stirbt sie, 1547, kurz vor Michelangelos zweiundsiebzigstem Geburtstag. Er war bei ihr, als sie starb, und kam »fast von Sinnen darüber«. Noch lange machte er sich Vorwürfe, daß er ihr »auf dem Totenbett nur die Hand, nicht auch die Stirn und das Antlitz geküßt« habe. Der schwermütige Michelangelo, geschlagen mit »der Gabe, aus allem Gift zu saugen«, er klagt:

Gib mir die Tage wieder, wo mein Leben
und Sehnen ungebändigt in mir glühte,
gib jenes Engelsbild, das früh verblühte.
Was, da es schwand, ist dieser Welt geblieben?

Gib mir den Schritt, von Ungestüm getrieben,
dem brennenden, das lange nun verglühte,
die Flamme gib, die mir die Brust durchsprühte,
und dann noch einmal will ich seufzend lieben ...

In den vier Sonetten, die Michelangelo auf den Tod der Vittoria schrieb, wiederholt sich immer wieder die Klage über seine tiefe Verlassenheit. Der Verlust der »innigen Freundschaft, der vom christlichen Band umschlungenen Liebe« (Vittoria), er hat ihn nie überwunden.

Giorgio Vasari, Michelangelo Buonarroti.

Einhundertdreiundvierzig Sonette schrieb Vittoria für Michelangelo. Die Philologen haben sie mit Fleiß gezählt – und kühl hinzugefügt: »schön geformt, aber ohne große Bedeutung«.

Um das Jahr 1900 treffen wir noch einmal auf eine schreibende Vittoria Colonna. Sie war verheiratet mit dem ältesten Sohn des Herzogs von Sermoneta aus dem Hause Caetani, eine gleichfalls alte wie traditionsreiche Fürstenfamilie Roms.

Dem Brauch der Zeit entsprechend, wohnte sie im Palazzo ihrer Schwiegereltern an der Via delle Botteghe Oscure. In einem von ihr verfaßten Bericht läßt sie uns teilhaben am Alltag in einem römischen Palazzo um die Jahrhundertwende: »Es stimmt traurig, wenn man an die zahllosen Ehen

in Italien denkt, die scheitern, nur weil die jungen Frauen einer überlebten Sitte wegen mit ihren Schwiegereltern zusammenleben mußten ...«
Doch davon später.

III. DIE PIAZZA NAVONA

Palazzo Massimo alle Colonne
Palazzo Braschi
Palazzo Pamphili
mit Villa Doria Pamphili
auf dem Gianicolo und
Palazzo Doria Pamphili am Corso
Palazzo Madama mit Villa Madama
auf dem Monte Mario

»Es gehörte das mit zu der Ausstattung einer Familie. In dem Palaste, den sie sich erbaute, blieben immer ein paar Säle, gewöhnlich in den obersten Räumen, für Bücher und Handschriften vorbehalten, die dann würdig, wie es bei den Vorgängern geschehen, ausgefüllt sein wollten ...«

Leopold von Ranke

»Denk immer daran, daß nichts herrlicher ist als Schönheit und nichts vergänglicher. Ich trage es mutig, denn dies macht mich schon in der Jugend zum Greise!«

Kaiser Domitian über seine Glatze

Die heutige Piazza Navona, an die gleich drei uns interessierende Palazzi angrenzen – der Palazzo Massimo alle Colonne, der Palazzo Braschi mit dem Museo di Roma und der Palazzo der Pamphili neben S. Agnese in Agone–, war ehedem das Revier des Domitian, jenes »hinterlistigen und heimtückischen« Kaisers, von dem man zu wissen glaubt, daß er nie einen Menschen gemocht, geschweige denn geliebt habe. Ihm galt die Lage der römischen Kaiser als höchst »traurig«. Denn, so der hellsichtige Domitian, »auch wenn sie eine Verschwörung aufgedeckt haben, so glaubt man ihnen doch einfach nicht, es sei denn, sie werden ermordet!« Und so kam es ja denn auch.

Hier, auf der Piazza Navona, befand sich das Stadion des Domitian. Der Platz zeigt noch heute die alten Umrisse, und in den Kellern der umliegenden Häuser sind noch die Reste der steinernen Sitzbänke aus dieser Zeit zu finden. Der Obelisk auf der Piazza ist der Krönungsobelisk des Domitian. Er wurde im Jahre 81 n. Chr. anläßlich der Inthronisation des Kaisers im Tempel der Isis aufgestellt.

Isis ist es, die Vielgeliebte, die Domitian gekrönt hat und die ihm, so zeigt es der Obelisk, dabei die Doppelkrone Ägyptens und die Reichsinsignien überreicht. Und Domitian zeigte sich erkenntlich: Ein kniender Kaiser in der Kleidung eines ägyptischen Pharaos betet die Sonne an und reicht einer ägyptischen Gottheit Wein, Brot und Weihrauch.

Piazza Navona.

Nahe dem Stadion lag das kleinere »Odeum Domitiani«, eine Anlage, die dem Gesang und der Rezitation vorbehalten war. Es hatte seinen Platz dort, wo sich heute der Palazzo Massimo alle Colonne befindet, im Treffpunkt des Corso Rinascimento und des Corso Vittorio Emanuele. Die eigentümlich gebogene Fassade des Palazzo mit dem säulenbestandenen Portikus entspricht dem Halbrund des Zuschauerraumes von einst. Einer alten Tradition nach bietet die Eingangshalle Obdachlosen eine Zuflucht. Ein Überrest aus der Zeit Domitians, eine aus einem Stück gearbeitete Cipollino-Säule, die wohl zur Bühnenfront gehörte, steht heute vor der rückwärtigen Fassade des Palazzo, an der Piazza dei Massimi, den die römischen Wermutbrüder inzwischen zu ihrem Lieblingstreffpunkt erkoren haben. Zwei weitere Säulen aus früher Zeit, möglicherweise dem Heiligtum der Isis entstammend, finden wir in einem der Innenhöfe des Palazzo.

Palazzo Massimo alle Colonne

Die Massimo, ein römisches Uraltgeschlecht, führen ihre Ahnenreihe bis weit in die Antike zurück. Einer ihrer berühmten Vorfahren, Quintus Fabius Maximus Verrucosus, wußte durch seine überlegene und abwägende Kriegstaktik bereits Hannibal Kopfschmerzen zu bereiten. Und der Urgroßvater dieses tapferen, warzigen Kriegers, Quintus Fabius Maximus Rullianus, kämpfte gar schon gegen die Samniten und Etrusker. Nach einer vielkolportierten Anekdote, die Familiengeschichte der Massimo betreffend, soll Napoleon einen Abkömmling der Massimo gefragt haben, ob es denn wahr sei, daß seine Familie auf eine so

Giuseppe Vasi, Palazzo Massimo alle Colonne.

lange Ahnenreihe zurückblicken könne. Die Antwort des stolzen Massimo, für den Napoleon so eine Art Parvenü gewesen sein mag: »Genau vermag ich das nicht zu sagen, Sire! Aber in unserer Familie wird seit zweitausend Jahren darüber gesprochen!«

Heute treffen wir einen Massimo eher als Direktor der päpstlichen Postverwaltung an – eine Position, auf die der jeweils Erstgeborene der Familie ein Anrecht besitzt.

Bereits seit dem zwölften Jahrhundert sollen die Massimo an dieser Stelle ihren Wohnsitz haben. Doch sind ihre Lebensdaten präzise erst seit dem fünfzehnten Jahrhundert überliefert. Niemand in der Stadt, heißt es, habe sie an Besitz übertroffen. Da ist die Rede von einem Dominico Massimo, dessen Hausstand in den Jahren 1526/1527 bereits einhundertsechzig Köpfe zählte und dessen Palazzo der prächtigste in Rom war –

bis zum Sacco di Roma, der Plünderung der Stadt durch die Söldnertruppen Kaiser Karls V., die auch vor den mächtigen Massimo nicht haltmachten.

Gut fünfzig Jahre zuvor noch hatte sich im Hause Massimo Außerordentliches zugetragen. Hier hatten sich zwei Jünger der Schwarzen Kunst auf Einladung der Brüder Pietro und Francesco niedergelassen und eine Druckerwerkstatt errichtet (Seitentrakt, Rückgebäude, erster Stock), Arnold Pannartz aus Mainz und Konrad Schweinheim aus Köln, die hier erstmalig mit beweglichen Lettern druckten. Die Briefe des Cicero waren das erste Resultat der »heiligen Kunst Gutenbergs, diesem glückverheißenden Geschenk für den christlichen Erdkreis«. *Paul II.*

Palazzo Massimo alle Colonne. Cipollino-Säule vor der rückwärtigen Fassade.

Die Zeit der frühen Drucker, die Zeit der aufblühenden Renaissance, sah im übrigen eine Fülle deutscher Handwerker in Rom. Die lebendige Stadt, in der es reiche, ja wenn nicht unbegrenzte Möglichkeiten des Geldverdienens gab, zog sie magnetisch an. Allein das Verzeichnis der Schustergilde zählte Ende des 15. Jahrhunderts 2400 Namen. Schmiede, Müller, Barbiere waren nicht weniger zahlreich. In der Stadt gab es mehr deutsche Bäcker als römische, und über die deutschen Wirte schrieb 1446 Aeneas Sylvius, der spätere Papst Pius II.: »Die Deutschen machen überall die Wirtsleute. Es ist ihr Verdienst, daß man ziemlich allenthalben ein Gasthaus findet.« Das deutsche Zunftwesen hatte wahrlich »übergegriffen«. In Bruderschaften zusammengeschlossen, präsentierten sie sich auf der Piazza Navona in den farbenprächtigsten Aufzügen, ganz nach Art der Meistersinger; Richard Wagner hätte seine Freude daran gehabt.

Doch waren da nicht nur die Handwerker – es kamen auch die »Kopfarbeiter«. Unter den Notaren der päpstlichen Gerichte zum Beispiel finden sich um diese Zeit zahlreiche Deutsche, wie auch bei den Beamten der Kurie, darunter so berühmte Namen wie Dietrich von Niem, der aus den Einkünften seiner Kurialämter dem deutschen Pilgerhospiz Santa Maria dell'Anima sieben Häuser vermachte, oder der päpstliche Zermonienmeister Johann Burchard aus Straßburg (auch: Burkhard), dessen Tagebücher uns aufschlußreiche Informationen über das päpstliche Hofleben vermitteln. Sein Haus liegt nahe an dem nach seiner Heimatstadt benannten Largo Argentina (Straßburg = Argentoratum). Es blieb bis heute erhalten. Wir werden Johann Burchard beim Palazzo Borgia wiederbegegnen. Ein Strom der Dichter und Denker wird den Rom-Fahrern der Renaissance folgen, angelockt vom Mythos dieser Stadt. Doch bis dahin hat es noch Weile ...

Da braust erst einmal das »Strafgericht Gottes hienieder«, der Sacco di Roma. Georg von Frundsberg, der mit seinen Landsknechten über die Alpen zieht: »Komme ich nach Rom, so will ich den Papst henken!« Doch Clemens VII. kann in die Engelsburg entkommen. Rom aber wird auf schreckliche Weise verwüstet. »An die zween Landsknechtsspieße« hoch lagen die Schuttberge, »ungefähr sechstausend Mann waren darin totgeschlagen.«

Auch der Palazzo der Massimo fiel dieser Barbarei zum Opfer. Doch dauerte es nicht lange, und an alter Stelle entstand ein neuer, schöner als zuvor – und größer, hatten doch die Bauherrn, die Brüder Pietro, Luca und Angelo Massimo, bei dieser Gelegenheit angrenzendes Land aufgekauft und gleich mitbebaut. Um zwei Drittel geriet damit der neue Palazzo größer als der alte. Die Säulen des Portikus, die der Architekt Baldassare Peruzzi in Anklang an die antiken Säulen des Vorgängerbaus konzipierte, gaben dem neuen Palazzo den Namen: Palazzo Massimo alle Colonne.

Neben der reichen Ausstattung im Inneren des Palazzo sei besonders hingewiesen auf die im zweiten Stockwerk gelegene Kapelle und auf die schöne und reich bestückte Bibliothek mit einer großen Anzahl bibliophiler Kostbarkeiten, darunter die im Jahre 1472 gedruckten und gebundenen Briefe des Cicero. Die Signatur nennt die gemeinsam arbeitenden deutschen Drucker »Conradus suueynheym Arnoldus pannartzque magistri« und bezeichnet ausdrücklich als Druckort »das Haus des Petrus Massimi«. »Lächeln erwekken dir wohl rauhklingende Namen, die deutschen, Unmelodischen Laut mild're die treffliche Kunst!« reimten die deutschen Drucker im Hinblick auf ihre für die Römer wohl schwer aussprechbaren Namen.

Den Bibliotheken in den Palästen der großen Familien kam eine erhebliche Bedeutung zu. Leopold von

Ranke hat in seinem berühmten Standardwerk »Die römischen Päpste« darauf hingewiesen. Er klagt, daß ihm bei seiner Arbeit die Vatikanische Bibliothek nur unzureichend zur Verfügung gestanden habe, und schreibt: »Glücklicherweise aber eröffneten sich mir andere Sammlungen, aus denen sich eine, wenn nicht vollständige, doch ausreichende und authentische Belehrung schöpfen ließ.

Die herrschenden Nepoten, die allemal die Fülle der Gewalt besaßen, hinterließen den fürstlichen Häusern, die sie gründeten, in der Regel auch einen guten Teil der Staatsschriften, die sich während ihrer Verwaltung bei ihnen angesammelt, als einen immerwährenden Besitz. Es gehörte das mit zur Ausstattung einer Familie. In dem Palaste, den sie sich erbaute, blieben immer ein paar Säle, gewöhnlich in den obersten Räumen, für Bücher und Handschriften vorbehalten, die dann würdig, wie es bei den Vorgängern geschehen, ausgefüllt sein wollten ...

So kommt es, daß die Manuskripte, welche in den Palästen Barberini, Chigi, Altieri, Albani, Corsini aufbewahrt werden, für die Geschichte der römischen Päpste, ihres Staates und ihrer Kirche von unschätzbarem Werte sind.«

Die Kapelle im Palazzo Massimo – mit ihr hat es eine besondere Bewandtnis. Da starb im Jahre 1583 ganz plötzlich ein junger Massimo, der Knabe Paolo. Sein Tod kam so unvermittelt, daß ihm keine Zeit mehr verblieb, die Sterbesakramente zu empfangen. Die ewige Verdammnis des Paolo vor Augen, wandten sich die Eltern in ihrer Not an Filippo Neri, den

Palazzo Massimo alle Colonne. Kapelle.

»Apostel von Rom«, wie er genannt wurde, dem schon zu Lebzeiten der Ruf eines Heiligen vorausging. Neri nun gelang es, den jungen Massimo noch einmal für kurze Zeit ins Leben zurückzurufen – ein Wunder zu tun. Paolo erhielt die Letzte Ölung, verschied erneut und war nun der himmlischen Seligkeit gewiß.

Filippo Neri war ein bemerkenswerter Mann. Unbestechlich und nur seinem Gott gehorsam, stand er im Ruf eines unabhängigen Denkers. Als Papst Gregor XIV., ein Schüler Filippo Neris, auf den Thron kam, wollte er Neri unbedingt einen Kardinalshut aufsetzen. Doch der lehnte ab. Keine Pfründe, kein Eigentum, kein Besitz. Das Erstaunen war groß – unvorstellbar, einen Kardinalshut zurückzuweisen. Doch die Römer liebten ihn deshalb um so mehr, ihren »Pipo buono«.

Neri lebte sechzig Jahre in Rom und rühmte sich, nie

Filippo Neri.

über die Grenzen der Stadt hinausgekommen zu sein, den Bannkreis der sieben Hauptkirchen Roms nie überschritten zu haben. Goethe erzählt in seiner »Italienischen Reise« von dem »humoristischen Heiligen«, der sich enthusiastisch auf die Stufen des Altars wirft und sich dabei ein paar Rippen bricht, die, schlecht geheilt, »ihm lebenslängliches Herzklopfen verursachen und die Steigerung seiner Gefühle veranlassen. Ein solcher Mann, so lebhaft und so seltsam wirkend, mußte den Menschen wunderlich und mitunter gerade durch seine Tugenden beschwerlich und widerwärtig vorkommen. Doch wir gehen weiter und sagen, er sei ein höchst ausgezeichneter Mensch gewesen ...« Mit dem Namen Neri verbindet sich die Bruderschaft und das Pilgerheim della Trinità. Er ist der Stifter der Weltpriester-Kongregation der Oratorianer. 1622 wurde er durch Papst Gregor XV. aus dem Hause Ludovisi heiliggesprochen, zusammen mit dem Ordensgeneral der Jesuiten, Ignatius von Loyola, Franz Xaver, dem ersten China-Missionar, und Teresa von Avila (»Ich bin ein Weib. Und kein gutes!«).

Erstaunlich viele der großen Kirchenmänner haben nie einem Kardinalskollegium angehört und konnten dennoch von sich sagen: »In uns, gleich wie in ihren Angeln (Cardines), dreht sich der allgemeinen Kirche Achse.« Da sind Bernhard von Clairvaux, Albertus

Magnus, Thomas von Aquin, Niklaus von der Flue, Franz von Sales, Vinzenz von Paul, Johann Bosco ..., die Liste der ob ihrer Kardinal-Tugenden Heiliggesprochenen ist lang.

Erinnern wir uns der Geschichte der schönen Eufrosina, des Marcantonio Colonna und des Lelio Massimo – eine Geschichte gleich einer antiken Tragödie: Lelio Massimo, dem Oberhaupt der Familie Massimo, war seine über alles geliebte Frau verstorben, nachdem sie ihm sechs Söhne geboren hatte, prächtig an Wuchs und mit enormen Körperkräften ausgestattet, die die ganze Freude des Vaters waren. Und es kam die Zeit, wo sich Lelio erneut verliebte, und zwar in die schöne, wenn auch ganz unstandesgemäße Eufrosina. Auf die aber hatte, wie bekannt, bereits ein anderer seinen begehrlichen Blick geworfen, der strahlende Held von Lepanto, Marcantonio Colonna. Doch Marcantonio, der in seiner Verblendung den Ehemann der Eufrosina hatte töten lassen, unterlag im Kampf um die Hand der Schönen, Lelio Massimo führte Eufrosina zum Traualtar.

Dies jedoch war den prächtig gewachsenen Söhnen des Lelio nicht recht, sahen sie doch in der Verbindung ihres Vaters mit Eufrosina eine schlimme Verunzierung der Familienehre. Und so stürmten am Morgen nach der Hochzeitsnacht fünf von ihnen ins Schlafzimmer des jungvermählten Paares und erschossen Eufrosina. Der sechste, mit Namen Pompeo, war an der Mordtat nicht beteiligt. Der völlig gebrochene Lelio verfluchte seine Söhne und starb. Und sein Fluch erfüllte sich aufs folgenreichste: Girolamo wurde seinerseits bei einem Schäferstündchen mit einer vornehmen Dame aus dem Hinterhalt erschossen, Ottavio kam durch eine türkische Kanonenkugel auf See um, Allessandro fand den Tod in einer Schlacht, Marcantonio, mit dem Namen des Nebenbuhlers seines Vaters, wurde vor der Engelsburg enthauptet, nachdem er gestanden hatte, seinen Bruder Lucca vergiftet zu haben. »Und nur der untadelige Sohn Pompeo wuchs heran, um die große Linie der Massimo fortzusetzen ...«

Betrachtet man sich heute mit Aufmerksamkeit das Äußere des Palazzo, so könnte leicht der Eindruck entstehen, als habe die große Linie der Massimo ihre besten Jahre hinter sich, so abgewirtschaftet und heruntergekommen, wie er aussieht. Doch der Schein trügt. Viele der römischen Paläste und Villen wirken von außen stark vernachlässigt, um so größer dann das Erstaunen, wird man der Pracht und des Reichtums im Inneren gewahr. Daß das Äußere oft so wenig Beachtung erfährt, mag seinen Grund darin haben, daß die an sich wohlhabenden privaten Besitzer nicht immer über die notwendigen flüssigen Mittel verfügen, um die Erhaltung und Renovierung zu finanzieren. Doch die Kenner der Szene wollen noch um einen weiteren Grund wissen: die Furcht vor den italienischen Steuerbehörden. In einem Land, dessen Bürger sich einen Sport daraus machen, den Forderungen der Steuerbehörden, wie und wo immer es geht, zu entkommen, ist es sicherlich nicht sonderlich klug, Wohlhabenheit allzu deutlich zur Schau zu stellen. Dies mag denn auch das Mißtrauen erklären, dem sich der Fremde gelegentlich gegenübersieht, so er sich näher für die alten Palazzi interessiert.

Sorgen dieser Art kennt der benachbarte Palazzo Braschi mit seinem Museo di Roma nicht. Für ihn sorgt die Stadt bzw. der Staat. Und so wird er denn ordentlich gepflegt und umfänglich verwaltet.

Das Museo di Roma, seit 1949 im Palazzo Braschi ansässig, bietet mit seinen Exponaten, darunter Veduten, alte Fotos und Briefe, Kostüme, Fahrzeuge – leicht nostalgisch bis kurios –, aufschlußreiche Einblicke in die Stadtgeschichte. Rom-Liebhabern ist ein Besuch unbedingt anzuraten. Keinesfalls verpasse man die päpstliche Eisenbahn, die der »Gefangene des Vatikans«, Papst Pius IX., für sich in Paris anfertigen ließ, mit Salon, Kapelle und Thronsaal. Ein Gefangener auf Reisen …

Palazzo Braschi. ◂

Vor der Zeit des Museo di Roma hatte sich im Palazzo Braschi der römische Ortsverband der faschistischen Partei niedergelassen. (Das Hauptquartier der Faschisten befand sich im Palazzo Wedekind an der Piazza Colonna, ehemals Sitz einer deutschen Privatbank, heute Domizil der römischen Tageszeitung »Il Tempo«.)

Früher noch, im königlichen Rom, diente der Palazzo als Landwirtschaftsministerium.

Palazzo Braschi Es war der letzte Palazzo, der in Rom für die Familie eines Papstes gebaut wurde (1792). Bauherr war, nach Goethe, »einer der schönsten und würdigsten Männergestalten«, Papst Pius VI. Leider lebte unter ihm das alte Übel des Nepotismus wieder auf, wenngleich dieser durch die berühmte Bulle Romanum decet Pontificem aus dem Jahre 1692 ausdrücklich verboten worden war. Pius VI. setzte sich darüber hinweg und ließ seinen Verwandten beträchtliche Unterhaltsgelder zukommen. Im Zuge der päpstlichen Fürsorge geriet dabei der Palazzo Braschi an seinen Neffen, den Herzog Luigi Onesti-Braschi, der mit einer reichen Falconieri-Tochter verheiratet war. (Die Falconieri hatten ihren Palazzo in der Via Giulia, heute Sitz der Ungarischen Akademie.)

Mit dem Namen dieses Herzogs, eines unerfreulichen Zeitgenossen, ist nachfolgende Geschichte verbunden: Da hatte sich in den Jahren nach der Französischen Revolution der römische Pöbel vor dem Palazzo zusammengerottet und nachhaltig nach dem Kopf des Herzogs verlangt. Als die Randalierer das Tor aufzubrechen drohten, ließ der Herzog nicht etwa das Feuer auf sie eröffnen, er ließ auch nicht Pech und Schwefel auf sie regnen, ja nicht mal heißes Wasser, nein, er ließ Goldmünzen durch seine Diener in die Menge werfen – wohl wissend, daß ob solch unverhofften Segens alles andere mindere Bedeutung erhält.

Wenig später dann trat der Herzog höchstpersönlich in Erscheinung. Angetan mit seiner besten Uniform und ausgestattet mit zwei Hundepeitschen, schritt er durch die sich um die Goldmünzen raufende Menge und verteilte dabei nach rechts und links kräftige Peitschenhiebe, denn – und darauf kam es ihm an – ungestraft sollte ihm der Pöbel nicht entkommen, der es gewagt hatte, die Hand nach einem Onesti-Braschi auszustrecken, nach dem Neffen seiner Heiligkeit, Papst Pius' VI. Bald war der Vorplatz wieder leer, alle Münzen waren aufgesammelt, der Pöbel hatte seine Lektion erhalten, der Herzog erfreute sich bester Gesundheit – die Welt war wieder in Ordnung. Und die Moral von der Geschichte: »Verachtung für den Pöbel, war er doch immer gleich gierig und feige.«

Was nicht in Ordnung war, konnte – gelegentlich – mit Hilfe des berühmten Pasquino in Ordnung gebracht

Palazzo Braschi. Rückseite.

Statue des Pasquino.

werden, jener Statue, die wir auf der Rückseite des Palazzo Braschi finden und die den Römern über Jahrhunderte eine Art Sprachrohr gegen die Obrigkeit war, im Unmut wie im Übermut.

»Seiner Vortrefflichkeit wegen hat dieses Stück nicht nur dem Stadtviertel, sondern auch dem Palast, an dem es steht, seinen Namen gegeben; übrigens wird behauptet, daß bei dieser Statue der Mittelpunkt Roms sei. Heutzutage werden freilich keine Pasquinaden mehr angeheftet, weil die Verleumder und Ehrabschneider nun bessere Mittel kennen, um ihre Bosheiten unter die Leute zu bringen ...«

Johann Caspar Goethe

Der Palazzo Pamphili, ein paar Schritte weiter, so genannt nach dem Familiennamen des Papstes Innozenz X., entstand in den Jahren 1644-1655. Er ist demnach älter als der Braschi-Palazzo, doch gut einhundert Jahre jünger als der ihm schräg gegenüberliegende Palazzo Massimo alle Colonne. Papst Innozenz X., der erste Hausherr, war der Nachfolger Urbans VIII. und in fast allem das genaue Gegenteil des selbstherrlichen Barberini-Papstes. Er war sparsam bis geizig, sieht man davon ab, daß auch er um das Wohlergehen seiner Nepoten nachdrücklich bemüht war; er war still, zögernd, grüblerisch und häßlich. Er soll so

Palazzo Pamphili

häßlich gewesen sein, daß man ihn bei der Papstwahl zunächst gar nicht berücksichtigen wollte. Velazquez hat ein berühmt gewordenes Porträt von ihm gemalt. Allerdings zeigt es – entsprechend der gebotenen Zurückhaltung – zwischen roter Kappe und weißem Kragen einen eher melancholischen, einen mißtrauisch blickenden Papst denn einen unansehnlichen. (Galleria Doria Pamphili, am Corso.)
Innozenz zur Seite stand seine energische und habgierige Schwägerin Olimpia Maidalchini, die Witwe seines Bruders. Sie verstand es, sich bei Innozenz so einzuschmeicheln und so unentbehrlich zu machen, daß der Papst bald ohne sie nicht mehr auszukommen vermochte. Sie traf für ihn Entscheidungen, unterzeich-

Palazzo Pamphili.

nete Anordnungen, verkaufte Pfründe und gewährte Beförderungen. Bischöfe und Kardinäle taten gut daran, es sich nicht mit ihr zu verscherzen. Kraft ihrer beherrschenden Position in den päpstlichen Vorzimmern wurde sie bald nur noch »la papessa« genannt, die Päpstin. Bildhaften Ausdruck fand dies auf einer in Florenz geprägten Münze: Sie zeigt Papst Innozenz am Spinnrad sitzend, mit einer Frauenhaube auf dem Kopf, und Donna Olimpia im Glanz der päpstlichen Gewänder. Zur Farce gerieten schließlich auch die Ereignisse beim Tode Innozenz', wobei es Olimpia gelang, rechtzeitig und unauffällig das Privatvermögen des Papstes – versteckt unter dem Bett des Sterbenden – an sich zu bringen.

Algardi, Olimpia Pamphili.

»Nach drei Tagen«, so ein zeitgenössischer Bericht, »während welchen die Leiche des Innocenz in Sanct Peter ausgestellt worden war, fand sich Niemand, der es auf sich nahm, ihn begraben zu lassen. Man sandte zur Donna Olympia, daß sie ihm Sarg und Kissen machen ließe; sie aber antwortete, sie sei eine arme Witwe. Von den andern Verwandten und Nepoten rührte sich keiner; man brachte also die Leiche in ein Gemach, wo die Maurer ihr Material aufbewahrten.

Aus Erbarmen steckte ihm einer ein brennendes Talglicht zu Häupten auf, und weil ein andrer sagte, daß in dem Zimmer viele Mäuse seien, welche die Leiche anfressen könnten, fand sich Jemand, der aus seinem Beutel Geld hergab für einen Wächter. Nachdem noch ein Tag verstrichen war, erbarmte sich der Monsignor Scotti, der Maggiordomo, und ließ ihm einen Sarg von Pappelholz machen, und Monsignor

Velazquez, Papst Innozenz X.

Segni, Canonicus vom Sanct Peter, der sein Majordomus gewesen und dann weggejagt worden war, vergalt ihm Böses mit Gutem, und bezahlte fünf Thaler, um ihn bestatten zu lassen.«

Dazu G. Gregorovius: »Man sieht, daß es selbst dem Heiligen Vater nicht besser ergeht als dem gewöhnlichsten Menschen, nur ist ein solches Beispiel aus dem Leben auf so großer Höhe des Schicksals ergreifender oder empörender.«

Papst Innozenz fand sein Grab in der Familienkirche der Pamphili, in S. Agnese in Agone, dem Obelisken des Domitian gegenüber, den der Papst durch Bernini hier hatte aufstellen lassen. Oberhalb der Eingangstüre zu S. Agnese ist ein Denkmal Innozenz' zu sehen, eine etwas dürftig ausgefallene Halbfigur.

Die Kirche, von Borromini mit einer schwungvollen Fassade versehen, ist der heiligen Agnes geweiht, der »Keuschen«, dem »Lämmlein«, die, sich einer Vergewaltigung widersetzend, zur Zeit der Christenverfolgung der Legende nach hier hingerichtet wurde. Auf wunderbare Weise waren ihr lange, wallende Haare gewachsen, die auf dem Wege zur Richtstätte ihre Nacktheit verbargen. »Alljährlich begibt sich hier eine schlichte Zeremonie: die Segnung der weißen Lämmer, aus deren Wolle die Pallien der Erzbischöfe gewebt werden ...«

Die heilige Agnes ist die Schutzpatronin der Jungfrauen – und der Gärtner!

Nachfolger Innozenz' wurde Alexander VII.

Er verfügte alsbald eine Untersuchung gegen Olimpia Maidalchini, bei der die Machenschaften der »Päp-

Palazzo Pamphili.

stin« voll ans Tageslicht kamen. Olimpia versuchte zwar, Papst Alexander für sich einzunehmen – sie übersandte ihm Geschenke, bat, ihm den Fußkuß darbringen zu dürfen –, doch der Papst lehnte ab. Keine Geschenke, keine Audienz, kein Fußkuß, Olimpia hatte innerhalb einer Woche nach der abgeschlossenen Untersuchung Rom zu verlassen. Sie starb zwei Jahre nach Innozenz in ihrem Landhaus bei Viterbo an der Pest.

Der ihr einst von Innozenz geschenkte Palazzo an der Piazza Navona ging nach einer wechselvollen Geschichte in den Besitz des brasilianischen Staates über. Er ist heute Sitz der brasilianischen Botschaft.

Villa Doria Pamphili

Noch zwei weitere Paläste der Pamphili sind zu nennen: die Villa Doria Pamphili mit ihrem Palazzo, der mehr einem Schloß ähnelt, gelegen auf dem Gianicolo, wo einst die Römer unter Garibaldi ihre Republik verteidigten und wo schon Cäsar ein pompöses Haus hatte (Kleopatra wohnte dort während ihres Rom-Aufenthaltes mit dem gemeinsamen Sohn Cä-

Villa Doria Pamphili.

sarion), und der Palazzo Doria Pamphili an der Via del Corso im Stadtinneren.

Die Villa Doria Pamphili geht auf den Sohn Olimpias zurück, auf Don Camillo. Bestimmt für eine glänzende Kirchenkarriere, gab Don Camillo den ihm bereits in frühen Jünglingsjahren verliehenen Kardinalspurpur an seinen Papstonkel Innozenz zurück und heiratete – zur maßlosen Enttäuschung der ehrgeizigen Olimpia, wenngleich ihr die Braut so gleichgültig auch nicht sein konnte, war sie doch die Erbin des schwerreichen Hauses Aldobrandini.

Neun Kilometer mißt die Mauer, die die Villa Doria Pamphili umfaßt. Das gesamte Areal ist zweihundert Hektar groß. Ein herrlicher Park, ein Park für arkadische Träume, mit einem schönen Blick auf Sankt Peter und den Monte Mario. »Jahrhundertealte subtropische Bäume und Pflanzen, wogende Weizenfelder und grüne Wiesenflächen, plätschernde Brunnen in dunklen Hainen, alte Marmorstatuen zaubern immer wieder neue Bilder hervor ...« Und ein riesiger, feuriger Reiter zeigte sich eines Nachts am Himmel und »jagte einher«, wie ein junger Gärtner zu berichten weiß, es war die Nacht, in der Innozenz X. in seinem Palazzo starb ...

Palazzo Doria Pamphili

Drei Papstfamilien hinterließen im Palazzo Doria Pamphili am Corso ihre Spuren: die della Rovere, die Aldobrandini und die Pamphili. Als die männliche Linie der Pamphili im Jahre 1780 erlosch, heiratete die einzige Tochter der Pamphili, Anna, den General Andrea Doria. Folglich nahmen ihre Nachfolger den Doppelnamen Doria Pamphili an.
Die Doria waren ein berühmtes Seefahrergeschlecht, hochfahrend und auf eine ihnen eigene Weise stolz. Benito Mussolini bekam dies zu spüren. Um die schwindenden Goldreserven des Landes wieder aufzufrischen, hatte er in den letzten Kriegsjahren die Römerinnen dazu aufgerufen, sich von ihren goldenen Eheringen zu trennen.
Beim vaterländischen Festakt vor dem Denkmal des Viktor Emanuel kam es dann zu einem Eklat. In Anwesenheit der vornehmsten Damen der Stadt, darunter auch die Königin, sagte die Fürstin Doria laut und deutlich: Nein! Ein Schlag ins Gesicht des selbstherrlichen Duce. Die Quittung ließ denn auch nicht lange auf sich warten: Im Palazzo Doria Pamphili kam es zu

schlimmen Verwüstungen durch faschistische Schlägertrupps.
Der Palazzo, einer der großartigsten Stadtpaläste, ist zu bestimmten Zeiten für Besucher geöffnet. Er bietet nicht nur eine herrliche Gemäldegalerie – Velazquez, Rubens, Poussin, Raffael, Reni –, man hat auch Zugang zu einigen der Privatgemächer, eine seltene Gelegenheit im ansonsten zugeknöpften Rom.

Palazzo Madama.

Palazzo Madama: Der Name geht auf Margarete von Österreich zurück, auf »Madama Margherita«, einer Tochter Kaiser Karls V. und der flämischen Bäuerin Johanna van Gheenst. Margherita war in zweiter Ehe mit Ottavio Farnese, dem Herzog von Parma und Piacenza, verheiratet. Sie wohnte für einige Zeit in diesem Palazzo wie auch in der den Farnese gehörenden Villa Madama auf dem Monte Mario. Die Römer schätzten, ja liebten die sanftmütige Margherita, und so blieb ihr zum Gedenken der Palazzo wie auch die Villa mit dem Namen »Madama« verbunden, so oft die Besitzer auch wechselten.

Palazzo Madama

Der weitläufige Palazzo am Corso del Rinascimento, heute Sitz des Senats, wurde im 16. Jahrhundert für die einflußreichen Medici gebaut, die, von Florenz kommend, in Rom eine Residenz benötigten. Hier wohnten Leo X. und Clemens VII., bevor sie den Stuhl Petri eroberten, als sie noch Kardinäle waren. Auch Caterina de' Medici, die spätere französische Königin, wohnte hier und die Schwester Leos X., die man, als der Palazzo an die Farnese kam, allerdings äußerst unsanft hinausbugsierte, »a mano militari«.

»Du bist nicht allein der jüngste Kardinal im Kollegium, sondern Du bist auch der Jüngste unter allen, die jemals zu dieser Würde gelangt sind: Du solltest daher billig auch der Wachsamste und Vorsichtigste sein. Unterhalte ja nicht einen zu engen Umgang mit denen von Deinem Kolleg, die einen weniger ehrwürdigen Charakter haben.

Solltest Du im Heiligen Konsistorium eine Meinung äußern, so wirst Du sehr klug handeln, wenn Du die Entscheidung Seiner Heiligkeit überläßt und Deine Jugend und Unerfahrenheit als einen Grund zur Entschuldigung anführst. Wahrscheinlich wird man Dich oft um Deine Vermittlung bei dem Papst bitten: hüte Dich aber ja, ihm nicht zu oft zur Last zu fallen ...«

So der Brief eines besorgten Vaters an seinen Sohn Giovanni, den nachmaligen Papst Leo X.

Leo X.: der Inbegriff einer beispiellosen Karriere. Sein Vater war der berühmte Lorenzo Magnifico aus dem Hause Medici, seine Mutter eine Orsini. Mit acht Jah-

Raffael, Papst Leo X. mit seinen Vettern Giulio de' Medici und Luigi de Rossi.

ren sollte er Erzbischof von Aix-en-Provence werden. Doch gerade noch früh genug entdeckte man, daß auf diesem Stuhl schon jemand saß, den man allerdings jahrelang nicht gesehen hatte. Mit dreizehn Jahren wurde er Kardinal, der jüngste Kardinal aller Zeiten. Mit siebenunddreißig Jahren saß er auf dem päpstlichen Thron. (Doch Rekord war das noch nicht. Benedikt IX. wurde bereits Papst, als er achtzehn war.)

Leo, der Unbeschwerte, der Vergnügungssüchtige, der Machtgierige, der gewiefte Politiker, doppelzüngig, verschlagen – der Attribute gibt es viele. Entscheidend für die politische wie kirchliche Entwicklung seiner Zeit war die fatale Unterschätzung des

Doktor Martin Luther und des sich anbahnenden Ketzersturms aus dem barbarischen Norden. »Mönchsgeschwätz« waren ihm die Wittenberger Thesen. Luther: »... So soll niemand daran zweifeln, daß der Papst Feind Gottes, Verfolger Christi, Zerstörer der Christenheit und der rechte Endchrist sei!«

Als Leo starb, hinterließ er mehr als eine Million Dukaten Schulden. »Genießen wir das Papsttum, da Gott es uns gegeben hat!« Dies war seine Maxime, und ihr war er treu geblieben. In Rom hieß es, er habe das Einkommen von drei Päpsten verschleudert: den Schatz Julius' II., sein eigenes Einkommen und das seines Nachfolgers.

Um das Einkommen seines Nachfolgers zu verschleudern, dazu brauchte es allerdings nicht viel. Der Nachfolger Leos, Hadrian VI., der letzte deutsche Papst, war seiner Reformstrenge, mehr aber noch seiner haushälterischen Sparsamkeit wegen gefürchtet und gehaßt. Ein Papst, der jeden Tag die Messe las, der alle seine Pflichten erfüllte und der seinem Kammerdiener jeden Abend einen Dukaten in die Hand drückte und sagte: »Das ist für morgen!«, einen solchen Papst hatte Rom noch nicht gesehen. Pasquino, die sprechende Statue am Palazzo Braschi, nannte ihn einen nordischen Schulmeister und machte sich lustig über die Kardinäle des zerstrittenen Konklaves, die ihn gewählt hatten und »deren Hintern klüger waren als ihre Köpfe«. Als Hadrian nach seinem kurzen Pontifikat starb (1522-1523), bekränzten die Römer das Haus seines Leibarztes und feierten ihn als »Retter des Vaterlandes«.

Tizian, Kaiser Karl V.

Hadrian fand sein Grab in der Nationalkirche der Deutschen, in der Santa Maria dell'Anima. »Fiat justitia pereat mundus« war sein Wahlspruch. »Gerecht soll es zugehen, auch wenn die Welt dabei zugrunde geht!«
Der zweite Medici auf dem päpstlichen Thron war Giulio de' Medici, als Papst nannte er sich Clemens VII. Er war ein Bastard, ein uneheliches Kind, für den es eigentlich unmöglich war, Papst zu werden. Doch dem abzuhelfen, das war für die Medici kein Problem: eine nachträgliche Adoption, und der Schandfleck war getilgt. Den Rest besorgte ein korruptes Kardinalkollegium.
Sein Pontifikat war für die Kirche geradezu verhängnisvoll. »Einer der unheilvollsten Päpste«, schreibt Ranke. In einer politisch äußerst bewegten Zeit war er zwar um Frieden bemüht (was allerlei Händel und Tricks nicht ausschloß), doch letztlich setzte er auf die falsche Karte, auf Frankreich nämlich. Und damit stand er gegen Karl V., den spanisch-österreichischen Kaiser, der zum mächtigsten Herrscher Europas wurde, und das erst recht, als Franz I., der französische König, in Gefangenschaft geriet. Doch das Bekenntnis

zu Frankreich, zur »Filia delectissima«, lohnte sich für die Medici: Caterina de' Medici wurde mit dem Erben des französischen Thrones verlobt, mit Heinrich II. Die florentinischen Bankiers stiegen auf in die Reihe des höchsten Adels, ihrem Wappenschild mit den Medici-Kugeln konnten sie alsbald ein paar französische Lilien hinzufügen.

Giorgio Vasari, Papst Clemens VII.

1527 ließ Kaiser Karl V. die Stadt stürmen. Zwei Jahre später krönte ihn Clemens VII., den Frundsberg noch »henken« wollte, in Bologna feierlich zum deutschen Kaiser – und erhält dafür von Karl V. das verlorengegangene Florenz zurück.

Viele sahen im frühen Tod Clemens' ein Glück für die Kirche. Ein dringend erforderliches Konzil war nicht zustande gekommen. Doch hatte er Heinrich VIII. die Scheidung verweigert, als der König Katharina von Aragon der schönen Anna Boleyen wegen verlassen wollte. Auch ein Erfolg, wenn auch ein zweifelhafter, ging doch damit ganz England für die römische Kirche verloren.

»Groß war der Jubel in Rom, nur den bittersten Haß fühlte ein jeder gegen den verstorbenen Papst – einen

Haß, den der Tod nicht abschwächen konnte, der sich immer wieder in nächtlichen Überfällen auf die Gruft äußerte. Einmal wurde die Leiche mit einem Schwert durchbohrt.«

Die Gräber Clemens' und Leos befinden sich in S. Maria sopra Minerva, der Kirche, vor der Bernini seinen berühmt gewordenen Elefanten-Obelisken plazierte, versehen mit einer Inschrift von Papst Alexander VII., gut hundert Jahre nach den beiden Medici, die besagt, daß es wohl eines kräftigen Geistes bedarf, um die Last der Weisheit zu ertragen.

Einige Jahre nach Clemens VII. gibt Kaiser Karl einem Medici die Hand seiner Tochter Margherita, um handfester politischer Vorteile willen natürlich. Doch war diese Ehe nur von kurzer Dauer. Der Angetraute der fünfzehnjährigen Margherita, Alessandro de' Medici – ein Sohn Clemens' VII., wie gemunkelt wurde –, ein dickes, dunkelhäutiges Scheusal, genannt der »Abessinier«, wurde alsbald ermordet. Und damit gerät Margherita an die Farnese. Papst Paul III., der Erbauer des Palazzo Farnese am Campo dei Fiori, hatte sich diesen politischen Schachzug ausgedacht, galt es doch, die Herzogtümer Parma und Piacenza vor dem Zugriff Karls V. zu bewahren. Ottavio Farnese, der Sohn des schlimmen Pierluigi und Enkel Pauls III., wird zum Ehemann der nunmehr sechzehnjährigen Margherita

Wappen der Medici-Päpste.

bestimmt. Auch diese Ehe verläuft nicht glücklich. Die Bindung Margheritas zu ihrem Vater steht dem politischen Intrigenspiel der Farnese entgegen. Ihren Vater um etwas zu bitten, was ihm hätte schaden können, dies war ihr unmöglich. Wollte sie doch eher, die sanftmütige Margherita, »ihrem Kind den Kopf abschneiden«.

Dennoch macht sie eine politische Karriere. Als ihr Bruder, Philipp II. von Spanien, ihr das Amt des Statthalters der Niederlande anträgt, mag sie dies nicht ablehnen, hofft sie doch, dadurch das Schicksal der in den Niederlanden grausam verfolgten Ketzer etwas erträglicher gestalten zu können. Acht Jahre, von 1559 bis 1567, widmet sie sich dieser Aufgabe. Als Herzog Alba mit seinem »Blutrat« die Szene betritt, dankt sie ab. Margherita, Madama Margherita, stirbt, vierundsechzig Jahre alt, in Parma. Goethe hat ihr in seinem Trauerspiel »Egmont« ein Denkmal gesetzt: Margarete von Parma, Tochter Karls des Fünften, Regentin der Niederlande. Als 1796 das Stück in Weimar uraufgeführt wurde, war allerdings von Schiller im Zuge einer tiefgreifenden Bearbeitung die Rolle der Margarete gestrichen worden. Erst 1814 wird »Egmont« in seiner ursprünglichen Fassung gespielt, mit Margarete von Parma – und der kongenialen Musik Ludwig van Beethovens.

Goethe! Goethe allerorten! Mit Goethe auf den Monte Mario, wo sich der Meister gerne in Spaziergängen erging.

Über die Milvische Brücke, die Goethe schon kannte, bevor er nach Rom kam – im Flur des elterlichen Hauses in Frankfurt hing unübersehbar ein Piranesi-Stich des »Ponte Molle« (»Salve Konstantin! Salve Maxentius!«) –, vorbei an den weitläufigen Sportanlagen, die Goethe noch nicht kannte, da sie erst für die Olympischen Spiele 1960 gebaut wurden, und weiter den Hang hinauf mittels einiger Serpentinen, und da steht sie, die Villa Madama. Etwas versteckt zwar hinter üppigem Grün, doch für einen ersten Eindruck hinreichend erkennbar. Ihr näher zu treten oder gar ihr Inneres erforschen zu wollen macht indessen Schwierigkeiten. Es sei denn, man ist Gast der italienischen Regierung oder hat eine Sondererlaubnis des Außenministeriums vorzuweisen: Staatseigentum!

Villa Madama Villa Madama, ein spätes Echo der Antike.

Die Villa des Giulio de' Medici, der Madama Margherita – die Villa des Raffael, von dem die Baupläne stammen, sie gilt als ein gelungenes Beispiel für den Versuch, zur Zeit der Renaissance eine Villa im Geist und Stil der Antike zu bauen, d.h., eine klassische Einheit zu schaffen, die Landschaft, Gartenanlage und Bau gleichermaßen umfaßte.

Raffael machte sich die natürliche Lage am Monte Mario zu eigen: Am Abhang konzipierte er Stallungen, Wirtschafts- und Vorratsräume. Eine Etage höher entstanden die Festräume, das sogenannte Casino mit seinen eindrucksvollen Gewölbehallen. Schließlich, im oberen Bereich, das Theater, ein im Halbrund erbautes griechisches Theater. Die schöne Loggia, die Stukkaturen und die Fresken der Villa finden den be-

Giuseppe Vasi, Villa Madama. Casino.

sonderen Beifall der Kenner und Liebhaber, Giulio Romano und Giovanni da Udine, zwei Schüler Raffaels, denen wir in der Villa Farnesina noch einmal begegnen werden, haben daran mitgewirkt. Vasari beschreibt, wie Giovanni da Udine in den Ruinen des Titus-Palazzo den Geheimnissen der alten Stuckformel nachgespürt hat. »Es ist ihm zweifellos gelungen«, so Vasari, »den echten Stuck der Alten nachzumachen.« Den »Splittern des weißesten Marmors, der zu finden ist, zerstoßen und zu feinem Mehl zerkleinert, dann gesiebt«, dieser Substanz fügte Udine kristallinischen Kalkstein zu (Travertin) sowie Flußsand und Wasser.

Die Villa, die merkwürdigerweise nie ganz fertiggestellt wurde, jedenfalls nicht im Sinne der Konzeption

Raffaels und auch nicht anläßlich einer späteren Umgestaltung durch Sangallo, hat sich über die Unbilden der Zeit hinweg gut gehalten. Im Sacco di Roma wurde sie zwar geplündert, doch blieb ihr Schlimmeres erspart.

Die Wiederentdeckung des antiken Schönheitsideals, die Neuentdeckung der Natur: »Es ist eine Lust zu leben, die Geister regen sich. O Jahrhundert! O Wissenschaften!« so Ulrich von Hutten 1518. Das Mittelalter war überwunden, die Gotik, als die Kunst der Barbaren, die einst Rom zerstört hatten, war passé. »Weh dir, Barbarei, nimm den Strick und mach dich auf Verbannung gefaßt!« Die Zeit der Renaissance wird gerne mit dem Aufstieg Roms unter Kaiser

G. Volpato, Villa Madama. Casino mit Loggia.

Augustus verglichen. Jetzt wie vormals entstanden Durchbrüche in der Stadt, breite Straßenzüge, belebte Plätze – und nicht zuletzt entstanden Villen und Paläste, aufs prächtigste ausgestattet von ihren Bauherrn, der römischen Nobilität, der Kirchenfürsten und Päpste. Doch sei nicht verschwiegen, der Luxus der Herrschenden ging zum ganz erheblichen Teil auf Kosten der kleinen Leute, der einfachen Handwerker, die unter den immer neu verfügten Steuern litten. Und zu verschweigen ist auch nicht, daß, merkwürdig genug, bei der »Wiedergeburt« der Antike mit den Restbeständen ebendieser Antike äußerst respektlos verfahren wurde ...

Raffael, vom Geist der Antike inspiriert – das kam nicht von ungefähr, er hatte »die Antike studiert«, sowohl ihre Architektur (Vitruv mit seinem umfänglichen Standardwerk über die Baukunst der Antike) wie auch ihre Schriften. Dieses Wissen, verbunden mit seinen eigenen Erfahrungen als Architekt – er war Dombaumeister von Sankt Peter –, das machte den ganzen Raffael aus.

»Nachdem ich diese Antiken sehr genau studiert habe und nicht geringe Mühe darauf verwandte, sie bis ins kleinste zu erforschen und sorgfältig zu messen, und nachdem ich ständig die guten Autoren lese, mir die Werke mit ihren Schriften zunutze mache, glaube ich, einige Kenntnis dieser antiken Architektur erworben zu haben. Dies nun bereitet mir sowohl größte Freude, weil ich eine so hervorragende Sache kennengelernt habe, als auch größten Schmerz, weil ich sozusagen nur den Kadaver der edlen Seele dieser

Villa Madama. Stukkaturen.

Stadt sehe, die einst die Königin der Welt war und so elend zerrissen wurde. Und da es nun eines jeden Pflicht ist, seine Vorfahren und sein Vaterland zu lieben, halte ich es für meine Schuldigkeit, alle meine geringen Kräfte dafür einzusetzen, daß wenigstens eine kleine Vorstellung und sozusagen ein Schatten von dem erhalten bleibt, was in Wirklichkeit das allumfassende Vaterland aller Christen ist ...«

So Raffael in einem berühmt gewordenen Brief an Papst Leo X. Er sieht sich als ein Zeuge der »Schändlichkeit dieser Zeit, die immer noch mehr verwüstet, immer noch mehr zerstört. Wie viele Päpste, Heiliger Vater«, schreibt er, »welche dasselbe Amt innehatten wie Eure Heiligkeit, aber nicht dasselbe Wissen besaßen noch dieselbe wertvolle und große Seele, wie viele Päpste, frage ich, haben den Zerfall und die Zerstörung der antiken Tempel zugelassen, der Statuen, Bögen und anderer Gebäude, die ihren Erbauern zum Ruhme gereichen? Wie viele haben geduldet, daß, nur um die Pozzolanaerde auszugraben, die Fundamente unterhöhlt wurden und so die Gebäude in kurzer Zeit eingestürzt sind? Wieviel Mörtel ist aus Statuen und anderem antiken Schmuckwerk hergestellt worden? Ich wage zu behaupten, daß dieses ganze neue Rom, das man heute sieht, so groß es auch sei und so schön geschmückt mit all seinen Palästen, Kirchen und anderen Gebäuden, mit Mörtel aus antikem Marmor erbaut worden ist ...«

Raffael wußte seinem Papst wohl zu schmeicheln, obwohl dies der Sache nach nicht vonnöten war, wollte doch auch Leo »den Kadaver der edlen Seele dieser Stadt« nicht länger geplündert sehen. Die wilden Ausgrabungen und Zerstörungen der Antike zu verhindern oder doch wenigstens einzuschränken, dazu erschien ihm Raffael der rechte Mann zu sein. Also erging an ihn die päpstliche Order, die Restbestände der Antike zu katalogisieren und bei allen Ausgrabungen fortan die Aufsicht zu führen, ja die »Oberaufsicht«.

Ein Amt, das den ganzen Mann brauchte und das Raffael sicher mit Engagement wahrgenommen hat. Ob sich Erfolg und Einsatz entsprachen, ist zumindest zweifelhaft. Wie sonst wären die Paläste und Villen (die Kirchen nicht zu vergessen) dieser und der folgenden Zeit weiterhin aus den Quadern des Kolosseums entstanden, des Marcellus-Theaters, der Caracalla-Thermen, der Maxentius-Basilika? Im illustren Kreise der selbstherrlichen Bauherrn, der Fürsten und Kardinäle mit großen Namen und Vermögen, konnte wohl auch ein Raffael nicht allzuviel bewirken.

Apropos Kardinäle: Da hatte doch Leo zeitweilig die Idee, und das mag für eine Überraschung gut sein, auch seinen Dombaumeister mit einem Kardinalshut zu zieren. Der so »herrliche als anmutige Sanzio von Urbino, der sterbliche Gott« inmitten der Schlangengrube eines Kardinalskollegiums?

Nun war es unter Leo gar nicht so schwer, Kardinal zu werden. Man mußte ledig sein, das päpstliche Wohlwollen besitzen – und dreißigtausend Dukaten, mit denen der auf Ämterverkauf spezialisierte Papst seiner allzeit strapazierten Kasse aufzuhelfen versuchte.

Daß Raffael nicht zum Zuge kam, nicht avancierte, lag vermutlich an den fehlenden dreißigtausend Dukaten. Ledig war er, und das Wohlwollen des Papstes besaß er reichlich, wenn auch in diesem Falle vielleicht nicht reichlich genug.

Nicht daß Raffael arm gewesen wäre, er wurde für seine Arbeit bezahlt wie kein Künstler zuvor und kaum jemand danach. Über mangelnde Aufträge hatte er nie zu klagen, sie flogen ihm zu wie die Herzen seiner zahlreichen Verehrerinnen.

»... bis zum heutigen Tag (1. Juli 1514) beläuft sich mein römischer Besitz auf 3000 D. und mein Jahreseinkommen auf 500 D. Denn die Heiligkeit unseres

Herrn hat mir die Aufsicht über den Bau von St. Peter mit einem Gehalt von 300 D. übertragen, das mir für mein ganzes Leben sicher ist. Und ich bin weiterer Einkünfte gewiß. Außerdem werde ich nach eigenem Ermessen für die Privataufträge bezahlt und habe begonnen, ein weiteres Zimmer für den Papst auszumalen, das 1 000 D. einbringen wird ...«

Als Raffael 1520 starb, hinterließ er ein Vermögen von sechzehntausend Dukaten und dazu noch einigen Grundbesitz.

Raffael fand sein Grab in einem antiken Tempel, im Pantheon des Hadrian, das bereits im Altertum als architektonische Meisterleistung gefeiert worden war, als Inbegriff der Vollkommenheit, »mit seiner auf griechischer Tradition fußenden Säulenvorhalle und der auf römischem Formgefühl basierenden Kuppel«.

Verlassen wir Raffael, den Götterliebling, mit einer ketzerischen Anmerkung.

Da werden seine Bilder gelegentlich als »frei von jeder persönlichen Zutat« definiert, was heißen soll, sie seien langweilig, süß, einfach zu schön, so schön etwa wie das »blaue Meer« oder der »holde Frühlingstag«. »Um eine Schöne zu malen«, sagte Raffael einmal, »müßte ich deren mehrere vor Augen haben. Da es mir an Modellen fehlt, male ich aus dem Gedächtnis nach einer Idee, die ich im Kopfe habe.« Ein Ideal also. Und genau das, so die Kritiker, »ist der grundsätzliche Irrtum des Raffael und des ganzen Klassizismus, daß die Darstellung des Vollkommenen die Aufgabe der Kunst sei«.

Raffael, Die Vermählung der Jungfrau Maria. Detail.

Ein Kunstwerk soll ja über sich hinausweisen, »auf Schlösser, die es zu schließen, Leichen, die es zu beleben, Träume, die es zu enträtseln vermag. Aber da stehen Raffaels Figuren ›frei von jeder persönlichen Zutat‹, schön blau und rot angemalt wie Zuckerstengel oder Zinnsoldaten, und man kann sich des Eindrucks nicht erwehren, daß diese berühmten Frauenbildnisse auch ganz gut auf einer Seifenschachtel oder als Parfumpackung figurieren könnten und daß es so was wie Sistinaschokolade geben könnte ...« so Egon Friedell in seiner »Kulturgeschichte der Neuzeit«.

Natürlich unterschlägt uns hier der listige Friedell zugunsten seiner These so einiges, so Raffaels berühmte Männerbildnisse zum Beispiel, seine herausragenden

Papst-Porträts (Leo X., Julius II.) oder auch das bewegende Bildnis des Baldesar Castiglione, dessen »Buch vom Hofmann« zu den wichtigsten Quellenschriften der Hochrenaissance gehört. Die Bilder Raffaels nur glatt, nur schön, nur stumm?

Nach Goethe ist die Vollkommenheit steril und nur das Unzulängliche produktiv.

Goethe! Wo ist Goethe inzwischen geblieben? Im Zweifelsfalle finden wir ihn in der Villa Mellini. Hier pflegte er seine Spaziergänge auf dem Monte Mario gelegentlich zu unterbrechen. Die Vorliebe für diesen idyllischen Platz (heute ein Observatorium) teilte er mit Ludwig I., der, zwar eingedenk »der Teutschen würdiges Sinnbild«, die kräftige Eiche nämlich, hier seine Liebe zu Roms »zaubrischen Pinien und Cypressen« entdeckte. Als er später erfahren mußte, daß die zaubrischen Pinien aus schnöder Gewinnsucht zur Ölproduktion abgeholzt worden waren, zürnte er, adressiert an »Villa Mellinis Besitzer«, in einem Distichon: »Fährest zu fällen die Bäume auch fort, wird dir doch des Öles niemals genug, daß dir brenne das Licht der Vernunft.«

Von der Villa Mellini aus gab 1527 der Herzog von Bourbon seinen Söldnern das Zeichen zum Sacco di Roma, zum Sturm auf die Stadt, wobei »ungefähr sechstausend Mann darin totgeschlagen und die ganze Stadt geplündert ward.

In den Kirchen und von der Erde haben wir alles genommen, was wir gefunden haben, einen guten Teil der Stadt haben wir abgebrannt und seltsam hausgehalten.

Blick auf St. Peter von der Villa Mellini.

Die Copistereien, Register, Briefe und Cortisaneien (Archive) haben wir zerrissen und zerschlagen ...« Benvenuto Cellini, der Verteidiger der Engelsburg, wird ihn dafür erschießen, den Herzog, der seinen König verriet, König Franz I. von Frankreich.

Villa Farnesina. Gartenansicht.

Palazzo Borghese. Rainaldi-Brunnen.

Raffael, Papst Julius II.

Raffael, Baldesar Castiglione.

Palazzo Spada. Borromini-Kolonnade.

Palazzo Venezia.

Villa Giulia.

IV. VOM CORSO VITTORIO EMANUELE ZUM TIBER

Palazzo della Cancelleria
Palazzo Borgia (Sforza-Cesarini)
Palazzo Farnese
Palazzo Spada

»Alle Kardinäle, die an der Straße wohnten, hatten ihre Häuser prachtvoll geschmückt. Doch alle wurden an Luxus und Einfallsreichtum von Rodrigo übertroffen. Er hatte nicht nur sein eigenes Haus, sondern auch die Häuser ringsum geschmückt, so daß der ganze Platz in einen Lustgarten voller süßer Klänge und Lieder verwandelt schien ...«

Pius II.

»Herr, mach mich keusch, aber noch nicht jetzt!«

Augustinus

Palazzo della Cancelleria: »Die Stadt so vieler edler Renaissancepaläste besitzt keinen edleren als diesen, die Stadt der prachtvollen Säulenhöfe keinen reineren und harmonievolleren als den dieses Baues, dessen Meister man nicht kennt. Aus der von Pilastern gegliederten Fassade leuchtet das Grundgesetz des Goldenen Schnittes. Wie so oft in Rom, stammen die Travertinquader vom Kolosseum, im Hof sind antike Granitsäulen verwendet, und im dritten Stockwerk, wo Travertinpilaster auf Ziegel gesetzt sind, kehren ausklingend noch einmal die Motive der Fassade wieder. Alles stimmt unaufdringlich, ja unaufsehentlich zueinander, und der Mensch selber sieht sich mit hineingenommen in eine lichte Angemessenheit. Kardinal Riario führte eine Rose im Wappen. Im Schmuck der Außenfront, der von nobelster

Palazzo della Cancelleria.

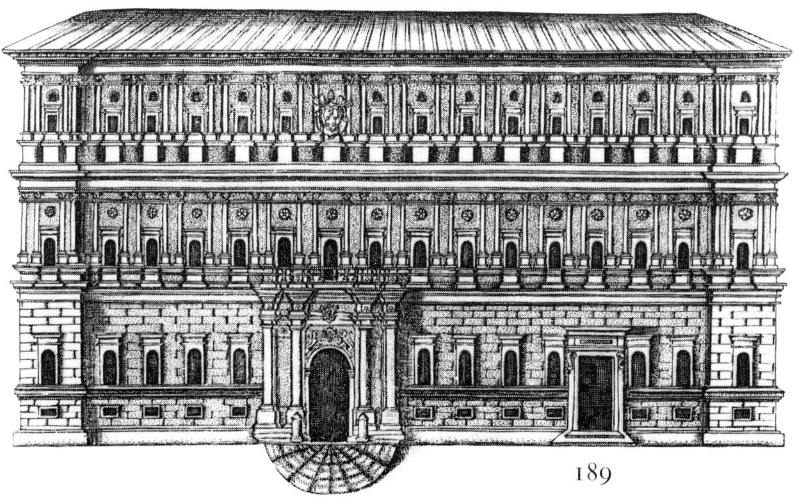

Zurückhaltung ist, an jeder einzelnen Säule des Hofes erscheint die Rose, selbst auf dem Steinpflaster der Hofesmitte hat die Abflußstelle für das Regenwasser Rosengestalt. Sie ist schönes Ornament, edel gefügt und einer vom Menschen erschaffenen Symmetrie untertan.« *Werner Bergengruen*

Palazzo della Cancelleria

Der ernste, würdige Palazzo am Corso Vittorio Emanuele, dessen architektonischer Schöpfergeist noch weitgehend unbekannt ist, stammt aus der Zeit der jungen Renaissance. Er ist das Ergebnis einer Wette: In einer wüsten Spielnacht nahm Raffaello Riario, seines Zeichens Kardinal und Neffe des kriegerischen Sixtus IV. (1471-1484), dem Francesco Cibo, Neffe Innozenz' VIII. (1484-1492), beim Würfeln sechzigtausend Scudi ab. Sie bildeten den Grundstock für

Palazzo della Cancelleria. Innenhof.

den Bau der Cancelleria. 1496 zog Kardinal Riario in seinen Palazzo ein, fünfzehn Jahre vor dessen endgültiger Fertigstellung. Im Erdgeschoß lagen die Vorratsräume, die Küche und die Speiseräume für die Bediensteten, im ersten Stock, dem Piano nobile, die Empfangs- und Festsäle, darunter die von Vasari ausgemalte Sala di cento Giorni, der »Saal der hundert Tage«, sowie die Wohn- und Schlafräume des Kardinals, Bibliothek und Kapelle eingeschlossen. Der zweite Stock war der zahlreichen Dienerschaft vorbehalten. Dreihundertfünfzig Seelen zählte der Hausstand des Kardinals.

Giorgio Vasari.

In der Sala di cento Giorni hinterließ Vasari einen allegorischen Lobeshymnus auf Papst Paul III., gemalt in hundert Tagen – von daher erklärt sich der Name. Das Werk Vasaris fand allerdings nur zurückhaltende Zustimmung. Michelangelo auf die Frage, was er von dem hunderttägigen Werk seines Kollegen und Schnellmalers halte: »Si vede bene!« – Man sieht es. Und in der Tat, Paul III., ein großer Freund und Förderer der Künste, hätte Besseres verdient gehabt.

Auch der junge Michelangelo zählte zum Hausstand des Raffaello Riario. Der Kardinal hatte ihn von Florenz nach Rom gelockt mit dem Versprechen, sich hier um Aufträge für ihn zu bemühen. Zusammengeführt hatte beide die Statue eines Cupido, eine Arbeit Michelangelos, die der Kardinal bei einem Kunsthändler erstand, in der Annahme, es handle sich um ein altes, ein antikes Stück. Als sich dies als Irrtum erwies, wollte Riario unbedingt den Künstler kennenlernen ...

Eine der frühen Arbeiten Michelangelos in Rom ist seine berühmte »Pietà«, heute einer der größten Schätze von Sankt Peter. Auftraggeber war Kardinal Jean de Villiers, der französische Botschafter am päpstlichen Hof, der Michelangelo vierhundertfünfzig Dukaten dafür bezahlte. Doch blieb »Roms schönstes Marmorwerk« dazumal nicht ohne Kritik. Der Faltenwurf des Gewandes wurde bemängelt, die Gestik der Maria, ihr Kopf, der zu klein geraten schien, ihr Aussehen, jünger als das ihres Sohnes – aber Michelangelo wußte dem zu begegnen: »Weißt du nicht«, so der noch junge Meister, auf das Aussehen der Maria eingehend, »daß die keuschen Frauen sich sehr viel länger jung erhalten als die unkeuschen? Um wieviel mehr als eine Jungfrau, an welche nie auch nur die kleinste Begierde heranreichte, welche diesen Körper verändert haben würde! Ich will dir sogar noch sagen: daß solche Frische und Blüte der Jugend, außer daß sie auf diesem natürlichen Wege sich in ihr erhielt, auch dadurch glaubhaft wird, daß durch göttliche Macht bewirkt wurde, der Welt die Jungfräulichkeit und immerwährende Reinheit der Mutter zu bezeugen.«

Die Zeit, die Kardinal Riario verblieb, um sich seines Palazzo zu erfreuen, sollte nur kurz sein. Er war näm-

Michel-
angelo
Buonarroti,
Pietà.

lich so unvorsichtig, sich an einer Verschwörung gegen seinen Papst zu beteiligen, gegen Papst Leo X. Und damit war er seinen schönen Palazzo wieder los. Leo fand andere Verwendung für den »edelsten« der Edlen – und für Riario auch: Der Kardinal wechselte von der Cancelleria in die Engelsburg, dem Staatsgefängnis des Vatikans. Der Verschwörung lag die Verstimmung einiger Kardinäle des Kollegiums zugrunde, die sich durch die Wahl Leos X. aus dem Hause der Medici übergangen fühlten und ihre Pfründe geschmälert sahen. Insbesondere Riario hatte für sich die Chance gesehen, Papst zu werden. Fünf Mitglieder des Kollegiums und der Leibarzt des Papstes befanden sich unter den Verschwörern, die Leo erschießen, erwürgen oder vergiften wollten. Letzterem wurde schließlich der Vorzug gegeben. Dem an Hämorrhoiden leidenden Leo sollte durch den Leibarzt ein in Gift getränkter Wundverband aufgelegt werden. Der Anschlag mißlang, die Verschwörung wurde verraten. Raffaello Riario entging zwar der Todesstrafe, doch hatte er die enorme Summe von einhundertfünfzigtausend Dukaten Bußgeld zu zahlen und Rom zu verlassen. Auch den Mitverschwörern wurden hohe Bußgelder auferlegt, mit Ausnahme des Kardinals Alfonso

Papst Leo X.

Petrucci von Siena, der erdrosselt wurde. Der Leibarzt des Papstes wurde gehängt, gestreckt und schließlich gevierteilt.

Gift erfreute sich bei den zahlreichen Mordanschlägen auf kirchliche Würdenträger schon immer besonderer Beliebtheit. Nicht selten begannen Kirchenkarrieren mit einem Giftmord oder wurden mit einem solchen beendet. Vierzehn Päpste kamen durch Gift ums Leben. Mit Johannes VIII. (872-882) fing es an. Als bei ihm das Gift nicht gleich wirkte, erschlugen ihn seine Mörder mit einem Hammer.

Vom schrecklichen Urban VI. wird berichtet, er habe die Leichen seiner ungetreuen Kirchenfürsten, die ihn einen Antichristen genannt hatten, einen Teufel und Tyrannen, in schwarze Kisten packen lassen und sie, verziert mit dem roten Kardinalshut, zur Abschrekkung ständig mit sich geführt.

Nach Raffaello Riario machte ein weiterer Kardinal in der Cancelleria von sich reden, Kardinal Pietro Ottoboni. Ihm gelang es, wenn auch schon fast achtzigjährig, den päpstlichen Thron zu erobern (Alexander III., 1689-1691). Als Kardinal hatte Pietro Ottoboni in der Cancelleria höchst aufwendige und spektakuläre Feste gefeiert, Feste, die weit über seinen gewiß nicht schmalen Etat hinausgegangen waren. Als sein Schuldenkonto astronomisch anstieg – 170 000 Scudi sollen fällig gewesen sein –, sah der Palazzo eine Versteigerung, die es in sich hatte. Alles, was nicht niet- und nagelfest war, kam unter den Hammer, die kostbare Einrichtung, die Kunstschätze – und noch immer soll es nicht gereicht haben. Als Ottoboni schließlich

Papst wurde, mochte er erst recht nicht auf seinen luxuriösen Lebensstil verzichten, seine aufwendige Amtsführung wurde sprichwörtlich und war selbst den Römern zuviel. Doch galt er auch als ein strenger und arbeitsamer Papst, der von sich sagte, er müsse besonders schnell arbeiten, da ihm doch bereits die dreiundzwanzigste Stunde geschlagen habe.

In den Jahren 1798-1799 diente der Palazzo der Römischen Republik. Napoleon hatte hier seinen Römischen Hof aufgeschlagen, CORTE IMPERIALE ist noch immer auf der Marmortafel oberhalb des mittleren Balkonfensters zu lesen. Papst Pius VI. war abgesetzt und verbannt worden. In Rom sprach man von »Pius dem Letzten« und glaubte das Papsttum überwunden. Die Römer sangen im Petersdom das Tedeum, und auf dem Kapitol regierte im Zeichen der Trikolore als Bürgermeister Luigi Onesti-Braschi, ein Neffe und besonderer Protegé des Papstes, den Pius zu seiner Zeit noch zum Herzog gemacht hatte (Palazzo Braschi).

Die Römer hielten die Zahl sechs übrigens immer schon für eine Unglückszahl: sextus Tarquinius, sextus Nero, sextus et iste, semper sub sextis perdita Roma fuit. Immer unter den Sechsten ging Rom zugrunde.

Fünfzig Jahre später tagt in der Cancelleria das italienische Revolutionsparlament. Hier wird am 1. November 1848 der päpstliche Ministerpräsident Graf Pellegrino Rossi ermordet, der um jeden Preis die Macht des Papstes gewahrt wissen wollte. »Abbasso Rossi! Morte Rossi!« war die Quittung der Straße; ein republikanischer Verschwörer durchschnitt ihm die Halsschlagader vor der großen Innentreppe des Palazzo, unterhalb der steinernen Rosen des Raffaello Riario.

An einen der frühen »Hausherrn« des Palazzo ist zu erinnern, an Damasus, den gewaltsamen Bischof im Rom des vierten Jahrhunderts.

Um ihm nachzuspüren, muß man an die zwei Meter in die Tiefe steigen, dann stößt man auf Überreste von San Lorenzo in Damaso, eine der ersten frühchristlichen Basiliken Roms. Die Basilika des Damasus bildet gewissermaßen das Fundament der Cancelleria.

Seine Zeit war von blutigen Auseinandersetzungen geprägt. Dem Bischof von Rom – die Bezeichnung »Papst« war um diese Zeit noch nicht gebräuchlich – stand als Rivale der von einer Minderheit gewählte Ursinus gegenüber, sein gefährlichster Gegenspieler im Kampf um die Nachfolge des Liberius. In der Basilika Santa Maria Maggiore, der von Liberius »grundgelegten Basilica Liberiana«, kommt es zu einem drei Tage lang andauernden Kampf zwischen den Anhängern beider Parteien, der einhundertsiebenunddreißig Tote fordert. Damasus blieb Sieger.

Goldglas mit Darstellung des Damasus, oben rechts. 4./5. Jahrhundert.

Kaiser Theodosius in seinem »auf himmlische Anregung« erlassenen Edikt vom 28. Februar 380: »Alle Völker, die unter der milden Regierung unserer Huld stehen, wollen wir in dem Glauben leben sehen, den der heilige Apostel Petrus den Römern überliefert und wir von ihm, so auch bis zum heutigen Tage verkündet wird, dem, wie jederman weiß, der Pontifex Damasus folgt und der Bischof Petrus von Alexandrien ...« Nach diesem Edikt war nur der ein katholischer Christ, der diesem Gesetz folgte. Alle anderen galten als »wahnsinnig, töricht« und »häretisch«. Sie hatten zuerst »die göttliche Rache« zu fürchten und dann »staatliche Strafe zu gewärtigen«. Es war, im Urteil der Historiker (H. Rahner), »ein folgenschweres Dokument, das den Beginn einer neuen Zeit einleitete«.

Seit Leo X. ist, wenn auch mit zeitbedingten Unterbrechungen, der Palazzo Sitz der Apostolischen Kanzlei, daher der Name Cancelleria. Zahlreiche Büros der vatikanischen Verwaltung sind hier untergebracht, darunter die Sacra Rota, das päpstliche Ehegericht. Hier werden Ehen zwar nicht geschieden, doch können sie, soweit den Richtern die Gründe dafür ausreichend erscheinen, für nichtig erklärt werden: etwa bei Geisteskrankheit, Trunksucht, Willensmangel zu einer christlichen Ehe, bei Ausschluß der Nachkommenschaft, bei physischen

Palazzo della Cancelleria.

und psychischen Erkrankungen, die den Vollzug der Ehe unmöglich machen, u.ä. Doch die Prozedur ist langwierig. Die Richter, ausnahmslos Priester, nehmen sich zur Prüfung der Beweise viel Zeit. Ihre Urteile werden nach Ablauf von zehn Jahren veröffentlicht.

Im Jahre 1984 wurden, einschließlich der Rechtsprechung durch die Diözesangerichte, weltweit sechsundvierzigtausend Ehen durch Kirchenurteile für nichtig erklärt. Dies war Papst Johannes Paul II. entschieden zu viel. Er rüffelte die Richter der Rota, mit der »Nullität« vorsichtiger zu verfahren. Es dürfe nur bei wirklicher Unfähigkeit, eine Ehe zu führen, eine Nichtigkeitserklärung ausgesprochen werden, nicht aber bei gewissen Problemen, die durch »Anstrengungen und Opferbereitschaft zu überwinden seien«. Die Nullität zu verweigern, dies könne sehr wohl ein Akt der Nächstenliebe sein, ließ der Papst wissen, würden doch damit viele schwache und unreife Personen davor bewahrt, eine neue Bindung einzugehen, die wiederum zum Scheitern verurteilt sei.

Die Nullität, ein Akt der Nächstenliebe – für den uns nun erwartenden Hausherrn eine geradezu groteske Vorstellung. Die kollegiale Empfehlung Johannes Pauls II. hätte ihn ehestens noch in Heiterkeit versetzt, in »unbändige Heiterkeit ...«

Folgen wir dem Corso Vittorio Emanuele ein kurzes Stück in Richtung Tiber, so stoßen wir bald auf die kleine, romantische Piazza Sforza-Cesarini, umstanden von exotischen Bäumen, deren lila-violette Blüten im Frühling einen geradezu betörenden Duft verströmen. Hier, inmitten dieses Idylls, hat man sich den Palazzo Borgia vorzustellen, den Palast des legendären Rodrigo Borgia, des späteren Papst Alexander VI., der »gelungensten Inkarnation des Teufels auf Erden«, dessen Name für hemmungslose Machtgelüste steht, für Korruption und Mord, für sexuelle Exzesse. Der schreckliche Borgia und die liebliche Piazza – doch weht der Geist bekanntlich, wo er will.

Palazzo Borgia (Sforza-Cesarini)

Sein Palazzo, entstanden um 1420, soll ein »riesiges, hochaufragendes Haus« gewesen sein. Papst Pius II. erwähnte es anläßlich einer feierlichen Prozession, die, den Schädel des heiligen Andreas mit sich führend, am Palazzo des Rodrigo Borgia vorbeizog: »Alle Kardinäle, die an der Straße wohnten, hatten ihre Häuser prachtvoll geschmückt. Doch alle wurden an Luxus und Einfallsreichtum von Rodrigo übertroffen. Sein riesiges, hochaufragendes Haus, das er auf dem Boden der alten Münze errichtet hatte, war mit kostbaren und wundervollen Tapisserien bedeckt. Er hatte nicht nur sein eigenes Haus, sondern auch die Häuser ringsum geschmückt, so daß der ganze Platz in einen Lustgarten voller süßer Klänge und Lieder verwandelt schien.«

Als Rodrigo 1492 zum Papst gewählt wurde, geriet sein Haus an die Sforza, ein Geschenk des Kardinals und päpstlichen Vizekanzlers Rodrigo Borgia an Kardinal Ascanio Sforza, dessen Stimme im Konklave für Rodrigo von entscheidender Bedeutung war. Vier Maultierladungen mit Silber kamen dazu und taten ein übriges. Zweihunderttausend Golddukaten soll der König von Frankreich für den Fall geboten haben, daß bei dieser Wahl ein Mitglied des Hauses Rovere reüssiere, und die Republik Genua bot noch mal hunderttausend dazu. Doch vergeblich. Gewählt wurde Rodrigo Borgia, ein Spanier: Von dreiundzwanzig Kardinälen im Konklave waren siebzehn bestochen worden.

Papst Alexander VI.

Rodrigo Borgia kam aus einem reichen Hause. Sein Papst-Onkel Calixtus III. hatte ihn von Valencia nach Rom geholt, wo Rodrigo mit fünfundzwanzig Jahren zum Kardinal avancierte, mit sechsundzwanzig war er päpstlicher Vizekanzler und damit der mächtigste Mann neben dem Papst, ein Amt, das er über dreißig Jahre innehatte und das neben einer glänzenden Dotation mancherlei Möglichkeiten der Geldbeschaffung bot. Allein aus Spanien erhielt er Einkünfte aus sechzehn Bistümern. In Italien waren ihm zahlreiche Abteien verpflichtet. Und schließlich gab es da noch den Ämterverkauf, bei dem er ein gewichtiges Wort mitzureden hatte, dankbar honoriert von den neu gekürten Würdenträgern.

Das »riesige, hochaufragende Haus«, das Rodrigo Borgia als Kardinal und Vizekanzler bewohnte und das Schauplatz ausgelassener Feste und dunkler Verschwörungen war, der Palazzo der Sforza und der ihrer Nachfolger, der Cesarini, ihn gibt es heute nicht mehr. Die wenigen Überreste gingen in einen 1888 errichteten Neubau ein. Erhalten dagegen blieb, »dem Vernehmen nach« muß allerdings einschränkend hinzugefügt werden, das Haus der Lucrezia, der berüchtigten Tochter des Rodrigo. Man vermutet es an der rechten Ecke der Piazza, dort, wo sich heute die »Polese Trattoria« befindet. Hier, »nahe des Palazzo«, soll Lucrezia mit ihren Brüdern Cesare, Juan und Joffre gewohnt haben, alles Kinder des Kardinals Rodrigo und seiner Geliebten Vannozza de Catanei. Außer diesen Kindern hatte Rodrigo noch mindestens zwei Töchter und einen Sohn. Und allen soll er ein liebevoller, wenn auch unheiliger Vater gewesen sein. (Polese Trattoria: Es heißt gelegentlich auch, daß

Polese Trattoria an der Piazza Sforza-Cesarini.

Vannozza hier mit ihrem zweiten Mann, Giorgio de Croce, gewohnt habe »und mit der kleinen Lucrezia«. Von Cesare, Juan und Joffre ist bei dieser Lesart nicht weiter die Rede.)

Rodrigo führte mit Vannozza jahrzehntelang eine regelrechte Ehe, obwohl Vannozza verheiratet war, dreimal insgesamt. Ihre Ehemänner hielten vor dem allmächtigen Borgia still und wurden dafür mit einträglichen Posten an der Kurie belohnt. Sechzigjährig, wendet sich Rodrigo von Vannozza ab und der blutjungen Giulia Farnese zu, mit der er wiederum drei Kinder hatte. (Giulia Farnese, verehelicht mit Orsino Orsini, war die Schwester Alessandro Farneses, des nachmaligen Papstes Paul III. und Bauherrn des Palazzo Farnese.)

Vannozza, die Rodrigo um einige Jahre überlebte, wurden in Rom alle Ehren zuteil, die die »Witwe« eines Papstes beanspruchen konnte. Als sie starb, gab ihr der gesamte päpstliche Hof das Geleit in ihre Grabeskirche, die Santa Maria del Popolo, die um diese Zeit noch unmittelbar am ausufernden Tiber gelegen war.

Angeblich unterhielt Rodrigo schon mit der Mutter der Vannozza ein leidenschaftliches Liebesverhältnis. Sollte dies stimmen und dazu der immer wieder gegen ihn erhobene Vorwurf der »Blutschande« mit seiner Tochter Lucrezia der Wahrheit entsprechen, dann hätte Rodrigo sein Bett mit seiner Tochter geteilt und mit deren Mutter und Großmutter. Rodrigo, der Leidenschaftliche, der Wollüstige, der »Tiberius des christlichen Roms«!

Sein skandalöser Lebenswandel trägt ihm 1460 einen scharfen Verweis von Papst Pius II. ein. Der Papst, der selbst zwei Kinder gezeugt hatte (»Ich bekenne frei meinen Irrtum, bin nicht heiliger als König David noch weiser als Salomon!«), an seinen Vizekanzler:
»Geliebter Sohn, es ist etwa eine Woche her, daß in den Gärten des Signor Giovanni de' Bichi eine Festlichkeit stattfand und eine große Anzahl als leichtfertig verschriener Frauen Sienas dort zusammenkam, um sich in Anwesenheit Eurer Eminenz Lustbarkeiten hinzugeben, die mit näherem Namen anzuführen mir meine Scham verbietet. Euer Eminenz nahmen von der siebzehnten bis zur zweiundzwanzigsten Stunde, wenig eingedenk Ihres erhabenen Amtes, an dem unchristlichen Bacchanal teil. Um die Schande vollzumachen, waren die Gatten, Brüder, Väter und Vettern der jungen Damen von der Teilnahme an dem Gelage ausgeschlossen, die Lust Euer Eminenz und einiger weniger Auserwählter nicht zu stören. Ich vermag meiner Empörung und meinem Mißfallen kaum die geziemenden Worte zu finden. Hier in Petriolo, einem von Geistlichen und Laien in der gegenwärtigen Jahreszeit stark besuchten Bade, ist das eines Kirchenfürsten unwürdige, zügellose Betragen Euer Eminenz zum Tagesgespräch geworden. Die Kleriker schämen sich Euer Eminenz Genossenschaft, und die Laien abstrahieren von Euerm frivolen Wandel auf das Leben der Geistlichkeit insgesamt. Selbst wir, der Statthalter Christi auf Erden, geraten in Gefahr, der allgemeinen Verachtung, dem Spott und Hohn der Welt anheim zu fallen, da wir Euer Eminenz sitten-

loses Gebaren zu dulden scheinen. Das Maß unserer Nachsicht ist aber am Überlaufen, und wir bitten Euer Eminenz ein allerletztes Mal, in sich zu gehen und Buße nicht nur zu geloben, sondern zu tun. Euer Eminenz haben einen Sitz unter den Räten des Heiligen Stuhls, wozu Euer Eminenz Klugheit, Tatkraft und Wissen Sie gewißlich befähigen. Möge aber Euer Eminenz bedenken, wie sehr die Autorität der Kirche gemindert wird, wenn ein Baumeister, ausersehen, sie zu schützen, fortgesetzt Steine aus ihren Mauern löst und endlich den Turm selbst zum Einsturz bringen wird. Euer Eminenz sind noch sehr jung, 29 Jahre, aber nicht mehr so jung, um den ganzen Tag nichts als Wollust zu sinnen. Wir vermahnen Euch streng, aber väterlich und zeichnen als Pius II.«

Und Rodrigo? Rodrigo Borgia verfiel darob »in unbändige Heiterkeit«, wie berichtet wird. Auf Wollust zu sinnen blieb weiterhin seine liebste Beschäftigung. Selbst im vorgerückten Alter, als er sein Haus verlassen und im päpstlichen »Appartemento Borgia« Quartier bezogen hatte, mochte er ihr nicht entraten, blieb ihm, wie die Römer sagten, eine Orgie lieber als ein Hochamt. Und alle Apostel, Propheten und Heilige, das Marienleben und das Leben Jesu, mit denen Pinturicchio sein Appartemento geschmückt hatte, vermochten dagegen nichts auszurichten.

Sein Zeremonienmeister Johann Burchard berichtet über ein ausgelassenes Gelage im vatikanischen Palazzo, über das sogenannte »Hurenturnier«, das Cesare Borgia, der Sohn Rodrigos, organisierte:

»Am Abend des letzten Oktobers 1501 veranstaltete

Hermann Kaulbach, Lucrezia tanzt vor ihrem Vater, Papst Alexander VI., und der Hofgesellschaft.

Cesare in seinem Gemach im Vatikan ein Gelage mit fünfzig ehrbaren Dirnen, Kurtisanen genannt, die nach dem Mahl mit den Dienern und anderen Anwesenden tanzten, zuerst in Kleidern, dann nackt. Nach dem Mahl wurden die Tischleuchter mit den brennenden Kerzen auf den Boden gestellt und ringsherum Kastanien gestreut, die die nackten Dirnen auf Händen und Füßen zwischen den Leuchtern durchkriechend aufsammelten, wobei der Papst, Cesare und seine Schwester Lucrezia zuschauten. Schließlich wurden Preise ausgesetzt, seidene Überröcke, Schuhe, Barette u. a. für die, welche mit den Dirnen am öftesten den Akt vollziehen könnten. Das Schauspiel fand hier im Saal öffentlich statt, und nach dem Urteil der Anwesenden wurden an die Sieger Preise verteilt.«

Lucrezia, »blutschänderische Schönheit«!

Schon früh hatte der bei aller Leidenschaft kühl rechnende Rodrigo seine Tochter Lucrezia mit einem spanischen Granden verlobt. Auch wenn er sie noch so liebte, dieses »zarte Geschöpf, dessen ganzes Wesen lachende Heiterkeit atmete«, und wenn er auch noch so sehr davon überzeugt war, daß sie nirgendwo glücklicher sein könne als bei ihm, so blieb ihm Lucrezia im machtpolitischen Ränkespiel doch ein Faustpfand erster Güte. Die Verlobung war denn auch nur von kurzer Dauer, zeigten sich doch bald bessere Chancen: Die gehorsame Tochter reichte ihre Hand einem Mitglied der einflußreichen und mächtigen Sforza, Giovanni Sforza, dem Fürsten von Pesaro.

Pinturicchio, Lucrezia Borgia als hl. Katharina von Alexandrien.

Doch bald schon hatte der Papst neue Pläne. Eine Verbindung mit dem Hause des Königs von Neapel schien ihm nützlicher. Wie aber konnte er Giovanni wieder loswerden? Als dieser sich dem Vorschlag der Trennung bzw. der Aufhebung der Ehe widersetzte, erklärten die Borgia laut und öffentlich, daß die Ehe zwischen Lucrezia und Giovanni nie vollzogen worden und somit ungültig sei. Giovanni mochte dies nicht auf sich sitzen lassen. Die Ehe sei sehr wohl vollzogen worden, ließ er die aufhorchenden Zeitgenossen wissen, der Papst sage ihm das nur nach, um mit Lucrezia weiterhin seinen blutschänderischen Gelüsten nachgehen zu können. Giovanni legte damit die Grundlage zu den Verdächtigungen, die sich bis heute mit dem Namen der Lucrezia und der »Blutschande« verbinden.

Wahr oder nicht wahr – Gregorovius zum Beispiel verliert kein Wort darüber bei seiner Beschreibung »der unseligsten Trauergestalt der modernen Geschichte« –, zu bedenken bleibt, daß Lucrezia nach Auflösung der Ehe bereits ein halbes Jahr später ein zweites Mal verheiratet wurde. Die Gelegenheit zur Blutschande wäre demnach nur eine kurze gewesen.

Doch auch der neue Ehemann, Don Alfonso von Bisceglie, ein Neffe des Königs von Neapel, war nicht der rechte. Als Papst Alexander mit Neapel brach, wurde er kurzerhand ermordet, das heißt: erwürgt.

Pinturicchio, Disputation der hl. Katharina mit den Philosophen vor Kaiser Maximianus. Fresko, ca. 1492–1495.

Es wird angenommen, daß Cesare dabei seine Hand im Spiel hatte. Seine Schwester Lucrezia war um diese Zeit zwanzig Jahre alt, Don Alfonso neunzehn.
Ein Jahr später fand dann die dritte Hochzeit statt, urbi et orbi mit Kanonendonner verkündet. Der Auserwählte ist Prinz Alfonso d'Este von Ferrara. Diese Ehe nun hat Bestand, und sie wird sogar glücklich. Nach achtzehn Ehejahren stirbt Lucrezia 1519 in Ferrara an den Folgen einer Fehlgeburt. Fünf Kinder hatte sie mit Prinz Alfonso. Einer ihrer Söhne, Ippolito, wird sich später eine Villa auf dem Quirinal bauen, dort, wo sich heute der Palazzo Quirinale erhebt. Und auch die prächtige Villa d'Este in Tivoli geht auf ihn zurück.
»... Und nicht ohne Tränen kann ich dies schreiben, so schwer wird es mir, mich einer so lieben und süßen Gefährtin beraubt zu sehen, denn das war sie mir durch ihre guten Sitten und die zärtliche Liebe, die zwischen uns bestand ...«, so Prinz Alfonso beim Tode Lucrezias an seinen Neffen Frederigo Gonzaga.
Cesare, ein »Virtuose des Verbrechens«, Roms begehrtester Tänzer, ein schöner Mann, ein Frauenheld, unwiderstehlich, ausgestattet mit allen Geistesgaben, dazu heimtückisch, aggressiv, machtlüstern. Für Machiavelli gab er das Vorbild ab für dessen 1513 entstandenes Werk »Der Fürst« (Il Principe), ein vieldiskutierter Versuch, Machtpolitik losgelöst von sittlichen Normen zu rechtfertigen. Im Namen Alexanders VI., seines Vaters, kämpfte Cesare als Gonfaloniere der päpstlichen Truppen gegen die aufbegehrenden Stadt- und Feudalstaaten zugunsten einer Neugliederung des

Cesare Borgia.

Kirchenstaates. Die Hemmungslosigkeit und Brutalität, mit der dies geschah, wurde selbst in Rom mit Abscheu quittiert. Spezialität des Cesare: Erwürgen nach Art der Spanier.

Cesare wird auch der Mord an seinem Bruder Juan zugeschrieben, dem Herzog von Gandia, obwohl ihm dieser Mord letztlich nicht nachgewiesen werden konnte.

Die Geschichte nimmt ihren Anfang in einem Borgia-Palast nahe der Via Cavour, oberhalb der breiten Treppenpassage gelegen, die zu San Pietro in Vinculi hinaufführt. Eine ehemals finstere Gegend und von den Römern lange Zeit gemieden, führte doch längs der Häuserreihe der sogenannte »Weg des Verbrechens« vorbei, der »Vicus Sceleratus«. Hier soll einst die sagenhafte Tullia über die Leiche ihres ermordeten Vaters gefahren sein, des Königs Servius Tullius.

In diesem Palazzo, hinter den Fenstern der noch erhaltenen Loggia, fand im Juni 1497 ein Bankett statt, von dem Juan nicht wieder in den päpstlichen Palast zurückkehrte. Nur von einem Reitknecht begleitet und einer »vermummten Gestalt, die Juan schon einige Zeit umkreiste« und von der man nicht so recht weiß, wie sie einzuordnen ist, verliert sich seine Spur »wer weiß wohin, wo er ermordet wurde« (Burchard). Der Reitknecht wird anderentages schwerverletzt aufgefunden und stirbt kurz danach. Schließlich kommt

Palazzo der Borgia nahe der Via Cavour.

von einem Holzhändler der Hinweis, er habe auf dem Tiber einen schwarzen Mantel schwimmen sehen. Auf die Frage, warum er nicht sofort eine Anzeige erstattet habe, soll er geantwortet haben: »Ich habe in meinen Lebtagen an jener Stelle wohl hundert Leichen in den Fluß werfen sehen, ohne daß sich einer drum gekümmert hätte, deswegen habe ich auch dieser Sache keine besondere Bedeutung gegeben.« Nach einer umfassenden Suchaktion wird Juan schließlich bei Santa Maria del Popolo mit einem Fischernetz aus dem Tiber gezogen, mit gefesselten Händen und durchschnittener Kehle. Als man Juan Papst Alexander vor die Füße legt, ist dies Zynikern Anlaß zu der Bemerkung: »Endlich! Alexander, der Menschenfischer.«

Des Mordes verdächtigt wurden nacheinander die Orsini und Colonna, mit denen sich die Borgia wilde Kämpfe lieferten, die Savelli und Gaetani, dann die Sforza, die allen Grund hatten, sich wegen Giovanni zu rächen, und selbst Papst Alexanders jüngster Sohn Joffre wurde als möglicher Täter genannt. Alexander erklärte, gegen sie alle keinen Verdacht zu haben. Der Papst weinend vor seinen Kardinälen: »Ich kenne den Mörder ...!« Sieben Papstkronen wollte er für das Leben seines Sohnes hingeben.

Warum Juan sterben mußte, dies bleibt offen.

Man weiß, daß Cesare sich durch Juan in der väterlichen Gunst zurückgesetzt fühlte. Juan war der Lieblingssohn des Papstes. Alexander bevorzugte ihn ganz offensichtlich. Er suchte seinen Rat, den er großzügig zu honorieren pflegte, und übertrug ihm wichtige Staatsgeschäfte. Das konnte dem Gonfaloniere Cesare, dem Krieger, nicht recht sein. »Man gibt sich alle Mühe, daß sich die Söhne des Papstes vor Neid aufeinander verzehren ...« schrieb Burchard.

Papst Alexander VI. stirbt im Jahre 1503, und fast wäre Cesare mit ihm gestorben, will man den Berichten glauben, die, was die Todesursache angeht, von einer Vergiftung sprechen. Anläßlich eines Festes bei den Borgia soll durch einen bestochenen Diener einigen unliebsamen Gästen vergifteter Wein gereicht worden sein. Durch ein Mißgeschick jedoch wurde der Wein vertauscht, und die Borgia fielen ihrem eigenen Anschlag zum Opfer. Cesare kommt mit dem Leben davon, Alexander jedoch stirbt. Anderen Berichten zufolge starb der Papst an einer »merkwürdigen, undefinierten« Krankheit, auch von einem »mysteriösen Tod« ist gelegentlich die Rede.

Was immer zutreffen mag, einig sind sich die Berichterstatter über den schwarzverfärbten, gräßlich aufgeblähten Leichnam, der in seiner Unförmigkeit in keinen Sarg mehr paßte: Es sei die »häßlichste, monströseste und schrecklichste Leiche« gewesen, die er je gesehen habe, »ohne menschliche Form oder Ähnlichkeit«, schrieb der Botschafter von Venedig in einer Depesche. Und Burchard erinnert sich, daß der »Mund schäumte wie ein Kessel über dem Feuer« und daß »die Zunge so dick wurde, daß sie den Mund völlig füllte und ihn offenhielt«.

Das so geschilderte Erscheinungsbild des Papstes galt lange Zeit als ein Indiz für den Tod durch Vergiftung. Doch inzwischen weiß man, daß ein vergifteter Körper sich von einem nichtvergifteten, wenn überhaupt, nur unwesentlich unterscheidet.

Noch einmal Burchard: »Als der Sarg in der Mitte der Kirche niedergesetzt war, mußte hergesagt werden: ›Non intres in iudicium‹ etc., aber es war kein Buch da; während man vergeblich darauf wartete,

stimmte der Klerus das Responsorium an: ›Libera me Domine‹. Während des Gesanges wollten etliche Soldaten der Papstwache verschiedene Fackeln an sich nehmen. Der Klerus verteidigte sich gegen sie; die Soldaten kehrten die Waffen gegen den Klerus, der den Gesang Gesang sein ließ und sich in die Sakristei flüchtete. Und der Papst stand fast allein ..., hinter dem Sarg wurde der Chor verschlossen.«
Mit dem Namen der Borgia ist eine Fülle von Widersprüchen, Gerüchten und auch Verleumdungen verbunden. Das haben sie, die Borgia, gemäß der Erkenntnis, daß Geschichtsbücher nach Abzug aller Lügen außerordentlich langweilig sind, mit vielen berühmten und berüchtigten Zeitgenossen gemeinsam. So soll Rodrigo Borgia schon mit zwölf Jahren seinen ersten Mord begangen haben, dem er lustvoll weitere folgen ließ, und wenn er nicht schon selbst Hand anlegte, dann ließ er durch gekaufte Schergen morden. Ähnliches gilt für Cesare, den »Dauermörder«. Seinen Schwager Giovanni Sforza, der aus der Verbindung mit Lucrezia mit dem Leben davonkam, soll er, einer anderen Version nach, vor den Augen seiner Schwester in Stücke gehauen haben. Und gestorben ist Cesare gleich zweimal: einmal auf dem Schlachtfeld und einmal in der Verbannung. Und Gift haben sie alle gemischt, einschließlich der lieblichen Lucrezia. Und die Syphilis hatten sie auch alle ...
Erstaunlicherweise war Papst Alexander während seines elfjährigen Pontifikats beim römischen Volk sehr beliebt. Darin wiederum ist sich die Geschichtsschreibung weitgehend einig: »Er war tüchtig, er war

fröhlich, er war großmütig.« Die Befreiung aus den Zwängen der zahlreichen Feudalherren quittierten die Römer mit Loyalität, so gut sie dies vermochten. Und erstaunlich ist auch, daß in der Ära Alexanders die gefürchtete Inquisition in Rom keinen Platz hatte. In Ländern wie Deutschland und Spanien erschien sie ihm ganz sinnvoll. Nicht jedoch in Rom. Alexander: »Rom ist eine freie Stadt. Hier kann jeder denken und schreiben, was immer ihm gut dünkt.« Ein starker Satz, gesprochen im Rom des auslaufenden 15. Jahrhunderts. Zu früh für Galilei, der hundertfünfzig Jahre später unter dem barocken Urban VIII. ihr prominentestes Opfer wird.

Es hat nicht an Versuchen gefehlt, den notorischen Schandfleck Alexander zu rehabilitieren. Den Kirchenhistorikern nach stand es zwar »bedenklich um seine sittlichen Qualitäten«, doch verweisen sie auch mit Nachdruck auf seine Verdienste, wie zum Beispiel auf die Gründung der sogenannten Heiligen Liga, ein Zusammenschluß von Venedig, Mailand, Deutschland und Spanien, die Karl VIII. von Frankreich zum Rückzug aus Italien zwang. Eine von ihm eingeleitete Kirchenreform – dem Programm nach die beste seit dem Konzil von Basel – brachte er jedoch nicht zu Ende. Mit ihr hatte sich der starke, doch im Fleisch so schwache Alexander wohl zuviel zugemutet. Die verheißungsvolle Ankündigung der Reformbulle: »Wir beginnen die Reform mit unserem römischen Hof, der den übrigen ein Beispiel des tugendhaften Lebens geben soll ...« – schon möglich, daß es ihm dabei vor seinen eigenen Worten grauste.

Im übrigen: Seit 1671 zählen die Borgia einen Heiligen zu ihrer Familie, den dritten Ordensgeneral der Jesuiten, Francisco Borgia, den Enkel des ermordeten Juan Borgia, Alexanders Lieblingssohn.

Vom Corso des Vittorio Emanuele zum Corso des Julius II., der Prachtstraße der Renaissance: zur Via Giulia.

Zur Zeit ihrer Entstehung war sie die schönste der Stadt, schnurgerade gebaut, was ganz ungewöhnlich für Rom war. Es war die Straße der römischen Nobilität, der Päpste und Fürsten und der berühmten Künstler. Hier fanden glanzvolle Aufzüge und Huldigungsfeiern statt. Antonio Sangallo hatte hier ein Haus, Bramante und, wie man zu wissen glaubt, auch Raffael – zumindest soll ihm das entsprechende Grundstück gehört haben, Haus fünfundachtzig. Es liegt schräg gegenüber von San Giovanni dei Fiorentini, der Kirche der Florentiner, deren wechselvolle Baugeschichte mit vielen der großen Namen dieser Straße verbunden ist.

In ihr finden wir das Grab Francesco Borrominis, des ewigen Kontrahenten Berninis, der sich aus Kummer darüber, daß Bernini ihm so oft vorgezogen wurde, das Leben nahm. An der Prachtstraße der Renaissance das Grab eines großen Barockbaumeisters, ohne dessen künstlerische Kraft und Phantasie Rom um einiges ärmer wäre.

Weiter unterhalb der Via Giulia, Ecke Via del Mascherone, die Behausung eines Revolutionärs, eines Bürgerschrecks, die des fast vergessenen Poeten Wilhelm Waiblinger aus Tübingen, der hier 1830 mit sechsundzwanzig Jahren starb. Ein Rasender in der Liebe – zweimal soll er das Haus seiner Geliebten angezündet haben –, ein Rasender im Schreiben, dessen Stimme unerhört blieb: »Unsere Botschaft hat euch nicht erreicht. Unser Scheitern ist euer Glück. Was geht euch die Freiheit an, die wir erhofften. Ihr lebt nicht übel in den Tag. Das ist euer Zeitmaß. Ihr streichelt eure Seelen und befriedigt euch mit Gedichten. Keine Welt mehr. Nur noch euer unglückliches geliebtes Ich ...«

Palazzo Farnese, »souveräne Monumentalität, vollkommene Harmonie, der König der Renaissance-Paläste in Rom!« Von der Gartenseite, von der Via Giulia aus, wird die ungeheure Ausdehnung des Palazzo besonders deutlich. Sangallo, Michelangelo und della Porta sind seine Baumeister. Auf Michelangelo gehen hauptsächlich das obere Stockwerk und das Kranzgesims zurück. Von ihm kam auch der Vorschlag, den Palazzo mittels einer Brücke über den Tiber mit der Farnesina zu verbinden. Doch wurde der zum Fluß ausgerichtete zweite Hof, die »Basis« dazu, nie fertiggestellt. *Palazzo Farnese*

Begonnen wurde der Bau im Jahre 1514 durch Kardinal Alessandro Farnese, den späteren Papst Paul III. Er errichtete ihn für seine vielköpfige Familie, die mit seinen vier Kindern und deren Mutter, seiner Konkubine Sylvia Ruffini, dreihundert Personen umfaßte. Die Fertigstellung erlebte der Bauherr allerdings nicht mehr. Erst sein Urenkel Odoardo vollendete 1574 den Palazzo nach sechzigjähriger Bauzeit.

Palazzo Farnese. Teilansicht der Fassade.

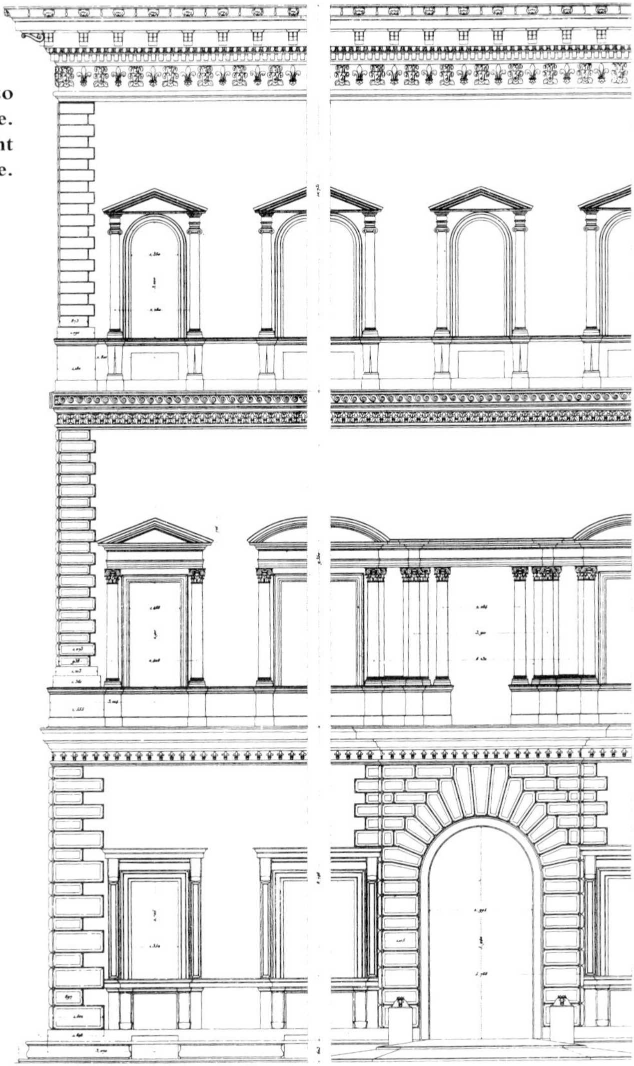

Schon früh, unter Papst Eugen IV. (1431-1447), hatten es die Farnese verstanden, am päpstlichen Hof ihr Glück zu machen. Der Vater Alessandros hatte eine Erbtochter der mächtigen Familie der Gaetani geheiratet. Die schöne Schwester Alessandros, Giulia, die mit einem Orsini verheiratet war, ließ sich mit Alexander VI. ein. Sie wurde dessen Geliebte, und Alessandro avancierte alsbald unter den Fittichen des mächtigen Borgia-Papstes zum Kardinal. Die Krönung dieser echt römischen Karriere: Im Jahre 1534 besteigt Alessandro den päpstlichen Thron.

Mit seiner Familie hatte er dagegen kein rechtes Glück. Seine Söhne, auf das fürsorglichste von ihm ausgestattet – sein Sohn Pierluigi zum Beispiel erhielt von ihm die Herzogtümer Parma und Piacenza –, wendeten sich von ihm ab, seine Enkel, bereits im zarten Knabenalter zu Kardinälen ernannt, rebellierten gegen ihn. Zu Füßen seines Grabmals im Chor der Peterskirche trauert einzig um ihn seine die Tugend der Gerechtigkeit verkörpernde, schöne und geliebte Schwester Giulia. Aufreizend, sinnlich, nackt hatte sie della Porta modelliert, bis Leo XII. ihr dreihundert Jahre später ihr unkleidsames Bronzehemd verordnete.

Tizian, Papst Paul III.

Papst Paul III. regierte fünfzehn Jahre. In Rom sah man ihn als den rechten Mann zur rechten Zeit.

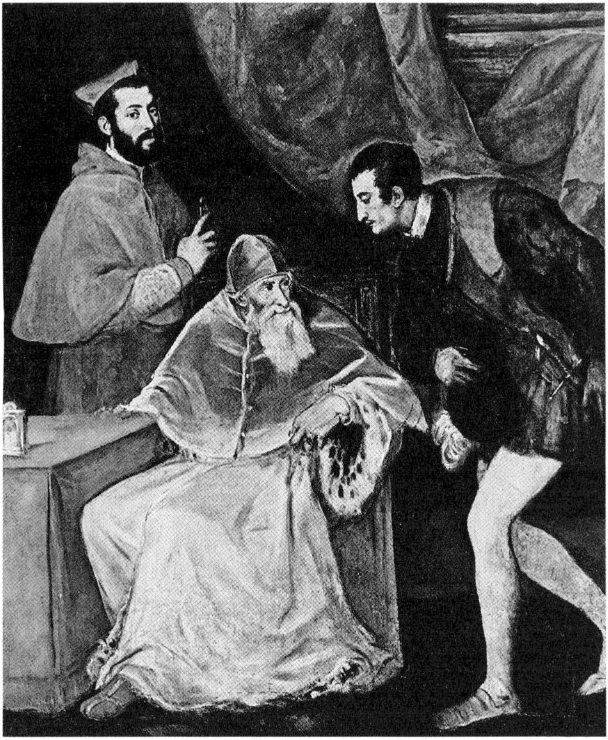

Tizian, Papst Paul III. und seine Enkel Alessandro und Ottavio Farnese.

Gegen den Widerstand des Klerus und der Politiker berief er ein schon lange anstehendes Konzil ein – jedoch nicht, ohne sich zuvor bei seinem Hofastrologen über den günstigsten Termin beraten zu lassen, war er doch in hohem Maße »sternengläubig«. Auf ihn gehen mancherlei innerkirchliche Reformen zurück, und auch um die Gegenreformation machte er sich verdient, die nach dem Sacco di Roma das Gebot der Stunde war. In Rom forderte er an die achtzig anwesende Bischöfe auf, doch nun endlich und um Gottes willen in ihre Heimatdiözesen zu gehen, die sie bis dahin noch nie gesehen hatten.

»Palazzo Farnese, düstere Schönheit, aus Steinen erbaut, die das Kolosseum und das Marcellustheater lieferten. Man gelangt zu diesem freiliegenden Palast über einen sehr schönen kleinen Platz von quadratischer Form. Der Palast ist noch immer eine Festung wie die Florentiner Paläste. Die Gefahr lauerte in den Straßen Roms noch wie im Trecento, wo die Päpste abgesetzt und ermordet wurden wie heute die Beys von Algier; doch dank diesem eigenartigen, unkriegerischen Despotismus ist die Geschichte Roms viel wilder und interessanter als die von Bologna, Mailand oder Florenz.

Die Einfahrt, durch die man in dies majestätische Gebäude gelangt, ist mit zwölf dorischen Säulen aus ägyptischem Granit geschmückt. Drei Säulenordnungen, eine über der andern, zieren die vier Fassaden dieses quadratischen und so düsteren Hofes, der etwas vom Kolosseum hat. Die unterste bildet einen Portikus von wilder, wahrhaft römischer Majestät. In diesem Portikus hat man die große Graburne aus parischem Marmor aufgestellt, die aus dem Grabmal der Cecilia Metella stammt. In einem Winkel des Hofes halb verborgen, kommt diese Urne um alle Wirkung. Es war eine Geschmacksverirrung der Zeit Pauls III., sie aus dem Denkmal, dessen wichtigster Bestandteil sie war, zu entfernen.« *Stendhal*

Zu den Steinen des Kolosseums und des Marcellus-Theaters hat man sich den Marmor aus den Thermen

des Antonius Caracalla hinzuzudenken, bestimmt für die »Inneneinrichtung« – unbeschadet des Rufers in der Wüste, des obersten Denkmalschützers Raffael. Und nicht nur der Marmor, auch eine Fülle antiker Kunstschätze, ausgegraben aus dem »vom Wetter und Menschen abgenagten riesigen Gerippe«, fand von dort aus den Weg zu den Farnese. Ein Verzeichnis aus dem Jahre 1554 zählt an Ausgrabungsstücken auf: »Eine Herkulesstatue ohne Kopf und Arme; die kolossale Statue eines Hermes; ein Hermaphrodit; ein Herkules-Torso; ein weiterer Torso; eine bekleidete Frauenstatue in schwarzem Marmor; eine Büste des Antoninus Pius; eine Nymphe oder Bacchantin; ein weiterer Herkules; eine Pallas; eine Statue des Atreus; der berühmte Herkules des Glykon; die Gruppe der auf den Stier gebundenen Dirke, die unter dem Namen ›Farnesischer Stier‹ bekannt ist; eine Flora; eine Reiterstatue, bei der der Kopf des Pferdes und der Reiter fehlten; eine Büste des Antonius ...«
Das Glanzstück aus dem Fundus der Caracalla-Thermen war die über fünf Meter hohe Herkules-Statue, deren Kopf man in einem Brunnen in Trastevere fand. Niemand konnte sich erklären, wie er dahin geraten sein konnte, und noch weniger verstand man, welchen Weg die Beine genommen hatten. Sie fanden sich auf einem Landgut außerhalb Roms, das den Borghese gehörte. Kopf und Körper kamen rasch zusammen. Mit den Beinen war das schwieriger, die Borghese mochten sie nicht herausrücken, jedenfalls nicht so schnell. Herkules stand schon eine Zeitlang auf neuen Beinen, von Wilhelm Porta angepaßt, als

sich die Borghese dann doch anders besannen. Inzwischen nämlich hatte Herkules den Eigentümer gewechselt und mit ihm der gesamte Farnese-Besitz. Neuer Eigentümer war, durch Heirat und Erbteilung, der König von Neapel. Von ihm mochten sich die Borghese einiges versprochen haben. Goethe unter dem Datum vom 16. Januar 1787: »Gegenwärtig bringt es der Prinz Borghese über sich und verehrt diese köstlichen Reste dem König von Neapel. Die Beine des Porta werden abgenommen, die echten an die Stelle gesetzt, und man verspricht sich, ob man gleich mit jenen bisher ganz wohl zufrieden gewesen, nunmehr eine ganz neue Anschauung und mehr harmonischen Genuß.«
Und fünf Monate später: »Der Herkules Farnese

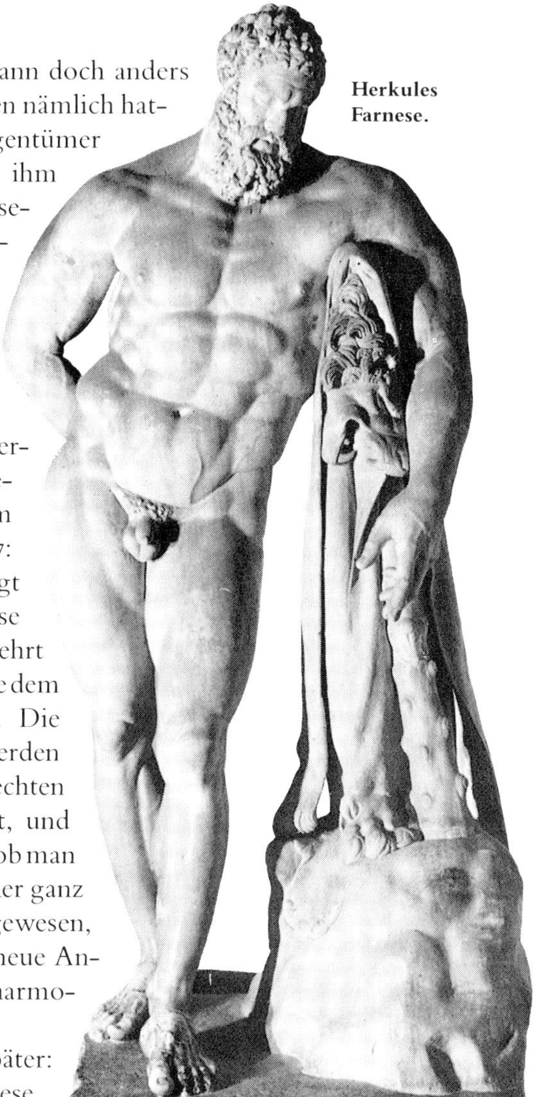

Herkules Farnese.

ist fort, ich hab' ihn noch auf seinen echten Beinen gesehen, die man ihm nach so langer Zeit wieder gab. Nun begreift man nicht, wie man die ersten, von Porta, hat so lange gut finden können. Es ist nun eins der vollkommensten Werke alter Zeit. In Neapel wird der König ein Museum bauen lassen, wo alles, was er von Kunstsachen besitzt, das Herkulanische Museum, die Gemälde von Pompeji, die Gemälde von Capo di Monte, die ganze Farnesische Erbschaft vereinigt aufgestellt werden soll. Es ist ein großes und schönes Unternehmen ...«

Früh schon hatten die Franzosen ein Auge auf den Palazzo Farnese. Der erste französische Botschafter zog hier als Gast ein, nachdem Papst Paul III., der Bauherr, gerade verstorben war. Allerdings fand er die ihm zur Verfügung gestellten Räumlichkeiten zu eng, und so blieb sein Aufenthalt nur von kurzer Dauer. In den Jahren 1635 und 1636 residierte Kardinal Alphonse de Richelieu hier als Botschafter König Ludwigs XIII. 1662 bis 1689 sah der Palazzo die Botschafter Ludwigs XIV. Zur Zeit Napoleons begegnen wir Joseph Bonaparte und Joachim Murat (auch er ein König von Neapel, 1808), jener tollkühne Kavalleriegeneral Napoleons, der Caroline, eine der Schwestern des großen Korsen, geheiratet hatte.

In der Zeit Napoleons III. versuchten die Franzosen den Palazzo zu kaufen, zunächst vergeblich. Der Papst, der dem Verkauf hätte zustimmen müssen, weigerte sich. Im Jahre 1911 schließlich wurde man handelseinig: Für drei Millionen Francs wechselte der Palast in den Besitz des französischen Staates. Heute befinden sich hier die französische Botschaft und das französische kunsthistorische Institut (École de Rome).

Palazzo Farnese. Hauptportal.

Kein Gesandter, eher ein politischer Flüchtling, ein Abtrünniger, mit »üppiger Figur, einem breiten Hinterteil, mit bizarrer Garderobe und einer Perücke«, war Königin Christine von Schweden, die hier ein knappes Jahr verbrachte. Christine hatte, nachdem sie der schwedischen Krone entsagt und zum katholischen Glauben übergetreten war, Rom zu ihrem neuen Domizil erkoren, zur großen Freude, ja zum »Entzücken« des Papstes, Alexander VII. Als sie 1655 mit ihrem Gefolge durch das Tor der Piazza del Popolo einzog, hatte Alexander eigens aus diesem Anlaß eine Inschrift für den Torbogen verfaßt: »Felice faustoque ingressui anno salutis 1655«, der glücklichen und schicksalhaften Einreise im Jahre des Heils 1655.

Der prominenten Konvertitin wurde in Rom ein Empfang zuteil wie seit den Tagen Karls des Großen nicht mehr: »Zuerst kamen zwei rotgekleidete Pagen, dann die Trompeter, gefolgt von einem Heerbann mit Schildern. Dann eine große Anzahl von Adelsherrn, den Kardinälen und dem römischen Adel. Dann kamen die Wagen und Kutschen der Kardinäle, eine jede von sechs Pferden gezogen, was zu wenig war für das Gewicht der Kostbarkeiten, mit denen sie verziert waren ...« Christine erhielt zahlreiche Geschenke, darunter eine Sänfte und ein Bett, für das Bernini die Entwürfe gemacht hatte, eine Kutsche, d.h. eine sechsspännige Staatskarosse mit Samtpolstern, in himmelblau gehalten, silberbestickt, Tapisserien, kostbare Porzellane – und zweihundert Kanonenschüsse donnerten ihr zu Ehren über den Tiber. Nach einem Bankett mit dem Papst (unvorstellbar bis dahin, pflegte doch der Pontifex in Gegenwart von Damen nicht zu speisen) begleitete sie ein Konvoi erlauchter Gäste zum festlich geschmückten, mit einer barocken Scheinfassade umstellten Palazzo Farnese, den ihr Odoardo Farnese, tief beeindruckt durch ihren Glaubenswechsel – und natürlich auch in Erwartung entsprechender Einschätzung höheren Orts –, zur Verfügung gestellt hatte.

Nach römischer Sitte werden ihr beim Einzug Holz, Kerzen, Wein und Lebensmittel überreicht, zum »Wohlergehen« des hohen Gastes. Indessen zeigt die von Christine mitgebrachte Dienerschaft alsbald schlechte Manieren: Sie klagt lauthals über kärgliche Entlohnung, zerhackt Türen und Fenster zu Brennholz und verkauft, was nicht niet- und nagelfest ist ...

Und dann sah der »König der Renaissancepaläste« noch eine handfeste Schlägerei. Um diese Zeit wohnte Christine allerdings bereits jenseits des Tibers, im Palazzo Riario/Corsini. Der Anlaß war eher von nichti-

Giovanni Battista Piranesi, Palazzo Farnese.

ger Art. Da hatte der französische Botschafter am päpstlichen Hof, Duc de Crequi, im hohen Bewußtsein seines diplomatischen Ranges Christine wissen lassen, daß er als Vertreter des französischen Königs bei Besuchen bzw. Audienzen in ihrem Palazzo einen Lehnstuhl beanspruche. Den aber mochte die selbstbewußte und zuweilen eigensinnige Christine nicht bereithalten, wie sie ihrerseits den Botschafter wissen ließ.

Im Für und Wider dieser staatserhaltenden Angelegenheit, in die sogar der französische König Ludwig XIV. und auch der Papst eingriffen, entlud sich schließlich der aufgestaute Unmut beider Parteien in der französischen Botschaft, im Palazzo Farnese: Zwischen der Wachmannschaft des Botschafters und der Garde des Papstes kam es zu einer schweren Auseinandersetzung, in deren Verlauf die Gattin des Botschafters »in Mitleidenschaft« gezogen und ein Page getötet wurde. Ein »diplomatischer Zwischenfall« mit weitreichenden Folgen.

Palazzo Farnese, düstere Schönheit. Noch immer vermittelt er in seiner strengen Symmetrie wie zu Stendhals Zeiten den Eindruck einer Festung mit hermetisch geschlossenen Toren, die sich nur dann und wann einen winzigen Spaltbreit öffnen, gesichert mit elektronischen Kameras und gepanzerten Polizeifahrzeugen – »als ob noch immer die Gefahr lauere in den Straßen Roms wie im Trecento, wo die Päpste abgesetzt und ermordet wurden …« Gelegentlich findet sich in den gängigen Rom-Führern der Hinweis, daß die berühmte Galleria im ersten Stock mit den Fresken des Annibale Carracci sonntags zwischen elf und zwölf Uhr für Besucher zugänglich sei. Dem zu vertrauen, will überlegt sein. Die Festung bleibt zumeist geschlossen. Entrée interdite!

»Das Gigantentum ist immer zu fürchten«, schreibt Cocteau, »aber es gibt auch gute Giganten. Das trifft auf den Herkules Farnese zu und auch auf den Palast unseres Botschafters, der den Besucher erdrücken, ersticken, demütigen könnte, der sich aber im Gegenteil aus exquisiter Höflichkeit heraus seinen Maßen anzupassen scheint und sich in jeder Weise darum bemüht, seine Pracht vergessen zu lassen. Denn im Palazzo Farnese verachtet uns nichts, sieht nichts auf uns von oben herab. Sogar die Götter und Büsten scheinen sich dafür entschuldigen zu wollen, daß sie nicht von den Decken und aus den hohen Nischen herabsteigen können, um dem Botschafter beim Empfang seiner Gäste behilflich zu sein.« Jean Cocteau, der Versöhnliche!

Die altehrwürdigen Herren und Götter des Palazzo Spada steigen zwar auch hier nicht aus ihren hohen Nischen herab, doch heißen sie uns, ernst und gesammelt, offensichtlich willkommen: Augustus, Cäsar, Pompejus, Fabius Maximus ...

Palazzo Spada

Im Palazzo Spada, dem Sitz des Staatsrates, sind Besucher ausdrücklich erwünscht.

Der sich im Stil des Manierismus präsentierende Palazzo, um 1540 entstanden, erhielt sein heutiges Aussehen durch Borromini, der ein Freund des Kardinals Bernardino Spada war, des Namengebers des Palazzo. Auf Borromini geht auch die gerühmte »Prospetiva« im rückwärtigen Seitenhof zurück, eine neun Meter lange Kolonnade, die auf Grund einer ausgeklügelten perspektivischen Anordnung jedoch wesentlich länger erscheint. Bernini ließ sich durch die »Prospetiva« zum Bau der Scala Regia im Vatikan anregen, der Treppe, die zum großen päpstlichen Audienzsaal führt.

In der Galleria erwartet den Freund der Künste eine kleine, aber feine Kollektion berühmter Bilder, Tizian, Rubens, Brueghel, Reni etc. Die schönen Säle zeigen Stuckarbeiten und Fresken der Schüler Michelangelos und Raffaels.

Prunkstück aber ist »ein nackter, edler Hauptmann, der gerade eine Rede hält« im Sala del Trono, dem Sit-

Palazzo
Spada.

zungssaal des Staatsrates. Bei diesem nackten Hauptmann soll es sich um eine Pompejus-Statue handeln, ehemals aufgestellt in der Vorhalle des Pompejus-Theaters. Vorausgesetzt, daß dies stimmt – die Gelehrten streiten sich noch darüber, wie so oft in Rom –, dann, ja dann wäre am Fuße dieser Statue Cäsar ermordet worden, in den Iden des März, verhüllten Hauptes, blutüberströmt. »Sein Blut spritzte über das Standbild«, weiß Plutarch zu berichten, »es sah aus, als leite Pompejus selber die Rache an seinem Feinde, welcher, zu seinen Füßen hingesunken, aus vielen Wunden blutend, mit dem Tode rang. Dreiundzwanzigmal soll er getroffen worden sein. Auch die Mörder hatten sich gegenseitig verwundet, da so viele Schwerter nach dem einen Körper zielten.«
Fünfzehnhundert Jahre hatte die Statue in römischer Erde geschlummert, ehe man sie nahe des Palazzo Spada bei Grabungsarbeiten entdeckte. Sie hatte es sich quer über die Grundstücksgrenzen zweier Häuser hinweg bequem gemacht, zur Freude gleich beider Hauseigentümer, versprach doch die Statue mit ihren »zwölf Fuß hoch« ein gutes Geschäft. Nach vielem Hin und Her, als sich die Eigentümer absolut nicht darüber zu einigen vermochten, welche der edlen Körperteile der Statue höher oder niedriger zu bewerten seien, Kopf oder Beine zum Beispiel, wurden die Gerichte bemüht.
Und es erging ein wahrhaft salomonisches Urteil: Die Richter verfügten, daß die Statue genau dort durchzusägen sei, wo die Grundstücksgrenze der Kampfhähne verlaufe. Damit, so glaubten sie, sei je-

dem Genüge getan. Diese Barbarei konnte jedoch in letzter Sekunde verhindert werden. Kardinal Capo di Ferro, damaliger Hausherr im Palazzo Spada, zahlte 500 Scudi für das gute Stück – das waren immerhin 2 500 Goldmark –, mit der Bedingung, daß diese Summe zwischen den beiden Parteien genau zu teilen sei. Und so steht denn Pompejus heute im Sala del Trono des Palazzo Spada in voller Schönheit und unversehrt. Das heißt, so ganz unversehrt ist er eigentlich nicht, es fehlt ihm schon noch etwas, der obligate Eichenkranz nämlich, den Pompejus auf dem Kopf zu tragen pflegte. Der muß ihm aber schon in der Antike abhanden gekommen sein, bei den Ausgrabungen wurde er jedenfalls nicht gefunden. Und auch ein Arm und zwei Finger fehlten, sie wurden erst in neuerer Zeit ergänzt. Der Wirkung des Pompejus tut dies dennoch keinen Abbruch. Er vermag als ein letztes Zeugnis seiner Kurie unsere Phantasie zu beflügeln wie kaum eine andere Statue, die aus dem antiken Rom erhalten blieb. »Unter dieser Statue«, so sinnierte einst der Spaziergänger Johann Gottfried Seume, »sollten alle Revolutionäre mit wahren, hellen, gemäßigten Philanthropen zwölf Mitternächte Rat halten, ehe sie einen Schritt wagen.« Gut so! Und gar kein so übles Motto für den tagenden Staatsrat im Sala del Trono.
Gnaeus Pompejus, »der Große« genannt, der Sieger über drei Erdteile, fünfmal verheiratet, Schwiegersohn des Cäsar, hinterrücks erstochen auf der Flucht nach Ägypten, verschieden lediglich mit einem tiefen Seufzer, »hielt er es doch für unwürdig zu klagen«,

Pompejus-
Statue.

Gnaeus Pompejus hatte sein Theater dort, wo heute Mama Roma ihre Zwiebeln kauft, wo die Blumen am prächtigsten und die Melonen am dicksten sind, am Campo dei Fiori, unmittelbar vor der Haustüre des Palazzo Spada. Es war das erste steinerne Theater Roms, um 55 v. Chr. nach griechischem Vorbild erbaut.

Dem Theater angefügt war ein der Venus Victrix gewidmeter Tempel, bei dessen Einweihung fünfhundert Löwen und achtzehn Elefanten niedergemacht wurden.

Die einschlägige Literatur vermerkt, Nero habe anläßlich des Besuches von König Tiridates von Armenien im Jahre 66 das Theater vergolden lassen. Wie man sich ein vergoldetes Theater vorzustellen hat, dies allerdings bleiben die Quellen schuldig. Immerhin, den Trümmern des Theaters entstieg im Jahre 1864 ein goldener Herkules. Man fand ihn bei Arbeiten am Palazzo Pio/Righetti, der sich exakt über den Grundmauern des Venus-Tempels etabliert hatte (im Mittelalter bereits okkupiert von den Orsini). Ein Kunstwerk, der goldene Herkules, »das von den hiesigen Archäologen und Künstlern für einen der schönsten Schätze Roms erklärt wird«, läßt uns Kurd Schlözer, ein Zeitgenosse, wissen: »Die Bronze ist Barbaren und Nichtbarbaren stets verlockend erschienen, daher so zahlreiche Bronzekunstwerke des Altertums verschwunden sind. Dieser neugefundene Herkules war aber dadurch allen begehrlichen Blikken entzogen, daß man ihn – vermutlich beim Beginn der Völkerwanderungen – tief in die Erde versenkte und mit einer Art Grabmauer umgab. Dort ruhte er sanft auf seiner goldenen Löwenhaut anderthalb Jahrtausende, bis seine vorgestreckte linke Hand den Schatzgräbern sein Versteck verriet. Im Laufe dieses Sommers zeigte sich nämlich bei den Nachgrabungen plötzlich ein kolossaler Finger, dann die Hand, der Arm – endlich die ganze Statue, der freilich beide Füße fehlten. Den einen derselben hat man nachträglich gefunden, ebenso die Löwenhaut, welche dieser muskulöse Herr sonst über dem linken Arm zu tragen pflegte.«

Der goldene Herkules hat heute seinen Platz im Vatikan, im Museo Pio-Clementino, Sala Rotonda.

Empfohlen sei auf dem Campo dei Fiori noch ein Besuch bei »Pancrazio«, einem urig-noblen Restaurant, das sich justament im Hause Pio/Righetti befindet (Piazza del Biscione), wo sich Besinnliches und Vergnügliches gar trefflich vereinen: Der Gewölbekeller des Eisheiligen Pancrazio führt tief hinein ins ehemalige Theater des Gnaeus Pompejus – die Küche und der Wein des Hauses werden weithin gerühmt.

V. VOM MARCELLUS-THEATER ZUR PIAZZA VENEZIA

Palazzo Orsini
Palazzo Cenci
Palazzi Mattei mit Villa Mattei
auf dem Monte Caelius
und Palazzo Caetani
Palazzo Venezia

»Du Haus des Zorns! O Born du voll Bedrängnis! Schule des Wahns! Tempel der Ketzereien! Einst Rom, nun Babel, falsch, zu maledeien ... O du gottlose Mutter schändlicher Geburten, kommt doch alles, was je auf Erden an Abscheulichkeiten, an Hurerei entsteht, von dir ...« Petrarca

»Hat das Ganze Euch gefallen, nun so klatscht unserem Spiel und entlaßt uns freudig alle insgesamt mit Beifallruf!«
Augustus

Augustus benannte das bereits unter Julius Caesar begonnene, im Jahr 13 n.Chr. fertiggestellte Theater des Marcellus – dem mehrere alte Tempel weichen hatten müssen – nach dem Sohn seiner Schwester Octavia, der in jungen Jahren starb. Es war auf ein Fassungsvermögen von 20000 Personen angelegt. Wegen seiner massiven Travertinfassade und seiner dominierenden Lage oberhalb der Tiberinsel wurde es um die Mitte des 12. Jahrhunderts von der Familie Fabi zur Festung umgebaut. Das ganze Mittelalter hindurch blieb es eine der uneinnehmbarsten Bastionen Roms: von hier aus ließen sich sowohl die zur Tiberinsel führenden Brücken als auch das dichtbevölkerte Viertel Trastevere auf der anderen Flußseite kontrollieren. Das 13. Jahrhundert hindurch war das Bauwerk im Besitz der Familie Savelli, die die Gewölbe an Metzger und Handwerker vermietete und im 16. Jahrhundert auf dem Areal des Theaters nach Entwürfen von Baldassare Peruzzi einen Palazzo erbauen ließ. Der ganze Komplex wurde 1712 an die Orsini verkauft; der Palast heißt heute Palazzo Orsini. *Palazzo Orsini* Ein Bär (*orso*), das Wappentier der Familie, ziert den Zugang zum Palast von der Via di Monte Savello aus. Die kleinen Ladengeschäfte, die früher in den Bogengewölben des Theaters Platz hatten, sind aufgelassen worden, so daß die doppelstöckige Arkade mit ihren Halbsäulen wieder zu Geltung kommt.« *Ch. Hibbert, Anmerkungen zur Topographie Roms*

Marcellus-Theater. Rekonstruktion.

Der Stammbaum der Orsini reicht bis in das 11. Jahrhundert zurück. Damit sind sie nicht ganz so alt wie die Colonna, ihre Erbfeinde, die als Grafen von Tusculum schon im neunten und zehnten Jahrhundert von sich reden machten (von den Massimi nicht zu sprechen, sie sind ohnedies ein Sonderfall), doch mit ihren gut neunhundert Jahren können sich die Orsini wohl sehen lassen.

Aus dieser Familie und ihren verwandtschaftlichen Verbindungen (mit den Medici z.B. oder den Farnese) gingen zahlreiche Würdenträger hervor, darunter mehrere Päpste und eine stattliche Anzahl von Kardinälen. Elf ihrer Töchter wurden durch Heirat zu europäischen Königinnen, zwölf Töchter von Kaisern und Königen heirateten in die Familie der Orsini. Als Höllenfürst ging Papst Nikolaus III. in die Geschichte ein (1277-1280), ein grausamer und auch größenwahnsinniger Papst, der mit seinem maßlosen Nepotismus versuchte, die Orsini zu einer römischen Großmacht zu etablieren. Zweifler an der Kirche wie an seiner Person pflegte er kurzerhand mit dem Bann zu belegen: »... untersagen Wir mit aller Strenge, daß ein Laie, sei es öffentlich oder geheim, über den kirchlichen Glauben disputiere ...« Dante Alighieri verweist ihn ins »Inferno«. Nikolaus III. war in seiner Selbstherrlichkeit dem schrecklichen Bonifaz VIII. gleich, dem »Cäsar und Kaiser«, der dafür von den Colonna mit einem Faustschlag traktiert wurde.

Doch selbstherrlich waren sie ja alle, die großen Familien, die im Mittelalter hochkamen, und dies um so mehr, wie es ihnen gelang, einen Papst zu stellen: Nikolaus III. aus dem Geschlecht der Orsini, Bonifaz VIII. war ein Caetani, Honorius IV. ein Savelli, drei Päpste stellten allein die Colonna ... Und hatten sie noch keinen Papst, die großen Familien, so waren sie

Marcellus-Theater. Heutiger Zustand.

doch nicht minder von sich überzeugt, denn was nicht war, konnte ja noch werden. Mit Gewalt und List kämpften sie mit- und gegeneinander, kämpften um vermeintliche und tatsächliche Rechte, ja kämpften schließlich auch, als sich der päpstliche Hof 1309 nach Avignon verflüchtigte, um die Herrschaft über die Stadt, hemmungslos und brutal. Die Orsini operierten dabei von ihren Festungsbauten aus, nahe der Engelsburg und dem Campo dei Fiori (Theater des Pompejus), strategisch hervorragend plazierte Stützpunkte, die ihnen u. a. die Kontrolle über die oberen Tiberübergänge verschafften. Den Colonna diente das Mausoleum des Augustus als Kastell, die Frangipani integrierten den Titusbogen in ihre Familienfestung. Es war eine Zeit des Chaos in Rom, des Elends, der Bettler und Räuber, wo ein Menschenleben nicht eben viel wert war, wo »allmorgendlich die Leichen auf den Straßen zusammengetragen und mit dem Abfall in den Tiber geworfen wurden«.

Fast siebzig Jahre dauerte die Zeit des päpstlichen Exils. In dieser Zeit verödete die Stadt mehr und mehr. Die Zahl der Einwohner ging auf siebzehntausend zurück.

Und doch: Im April des Jahres 1341 wird auf dem Kapitol Francesco Petrarca mit dem Lorbeerkranz des Dichterfürsten gekrönt, der Laura-Sänger, der »erste repräsentative italienische Humanist«. Und der alte, schroffe Stefano Colonna hält auf ihn die Laudatio. Auch dies war möglich im grausamen, unmenschlichen Rom dieser Zeit. Petrarca lebte, bevor es ihn mit Macht nach Rom zog, in Avignon im Hause des Kardinals Giovanni Colonna. Sein Vater, ein aus Florenz verbannter Notar, versuchte hier am päpstlichen Hof als Anwalt Fuß zu fassen. Francesco Petrarca, im Zorn gegen Avignon, gegen den Papst: »Du Haus des Zorns! O Born du voll Bedrängnis! Schule des Wahns! Tempel der Ketzereien! Einst Rom, nun Babel, falsch, zu maldedeien ... O du gottlose Mutter schändlicher Geburten, kommt doch alles, was je auf Erden an Abscheulichkeiten, an Hurerei entsteht, von dir ... So hitzig, so versessen auf Venus sind nämlich die Greise, derart hat sie Vergessen ihres Alters, ihres Zustandes und ihrer Kräfte gepackt, so sehr entbrennen sie für ihre Begierden, so stürmen sie in jedes schändliche Laster hinein, gleich als bestünde all ihr Ruhm nicht im Kreuze Christi, nein vielmehr *in Fressen und Saufen*, und wie es dann weitergeht, *in Kammern und Unzucht* ... Die Schändungen, Entführungen, Unzucht und Ehebruch sind schon das Kinderspiel der hohepriesterlichen Genußsucht.«

Francesco Petrarca.

»Schändliche Laster« waren natürlich auch den aristokratischen Familien nicht fremd und den bärigen Naturen der Orsini schon gar nicht, ja, sie waren geradezu ihr Lebenselixier, könnte man glauben. Es gab Skandale, Ehebrüche, Attentate, Morde – mal ließen sie morden, mal mordeten sie selbst, mal wurden sie

gemordet – ganz wie es so kam, ist man versucht zu sagen. Doch immer nahmen sie für sich in Anspruch, »wie ein Christ und Ritter« zu handeln, so eine Formel ihres aristokratischen Ehrenkodex, die in ihrer lapidaren Kürze wohl nur »aus dem Blickwinkel der Zeit« zu erklären ist, wenn überhaupt. Auch Paolo Giordano Orsini berief sich darauf noch ausdrücklich, als er seine schöne, doch ungetreue Frau Isabella, eine Medici, erwürgen ließ, zur Zeit des »wiedererstandenen Humanismus«, und das »gleich nach dem Abendessen, mit einem Strick, der durch ein für diesen Zweck besonders angefertigtes Loch in der Decke herab kam und von vier Männern im darübergelegenen Zimmer gehalten wurde«.
Vittoria Accoramboni, seiner Geliebten, die ihrerseits dafür gesorgt hatte, daß auch ihr Mann beizeiten umgebracht wurde (ein Neffe Sixtus' V.), erging es ein wenig besser, sie wurde lediglich erdolcht.
Paolo Orsini starb an den Ufern des Gardasees. »Hier verbrachte er den ganzen Sommer mit mannigfachen, großartigen Vergnügungen« (Stendhal) – soweit dem seine »Leiblichkeit« nicht entgegenstand, war er doch »ungeheuer dick geworden. Seine Beine waren stärker als der Leib eines gewöhnlichen Mannes, und außerdem war eines dieser unförmigen Beine mit einem Übel behaftet, das Lupus heißt, weil man es mit einer Unmasse rohen Fleisches behandeln muß, das man auf die kranke Stelle legt, da die Schärfe der Krankheit, falls sie kein totes Fleisch zum Verschlingen findet, sich auf die umgebenden Teile des lebenden Fleisches werfen würde ...«

Paolo Giordano Orsini verfügte im übrigen über ein schönes, wohlbefestigtes Fürstentum mit einem der größten Schlösser Mittelitaliens, dem nordöstlich von Rom gelegenen Bracciano. Hier war Paolo absoluter Herrscher. Er war sein eigener Gerichtsherr und konnte jede Art von Urteil fällen, einschließlich des Todesurteils. Und Geld konnte er sich auch prägen. »In ganz Latium«, so beschreibt Gregorovius das fünftürmige Schloß des Paolo, »gleicht diesem merkwürdigen Monument der römischen Renaissance, einem Baronalschloß ersten Ranges, keines; in einer weltverlorenen Landschaft steht dieses Prachtschloß, eine uneinnehmbare Festung und ein Luxuspalast zugleich.« Bracciano ist heute ein beliebtes Wochenend-Ausflugsziel der Römer. Mit dem Zug vom Bahnhof Termini braucht man etwa eine Stunde.

Prinzessin Clarissa Orsini, die, sechzehnjährig, Lorenzo den Prächtigen aus dem Hause Medici heiratete, den Enkel Cosimos des Alten und Sohn Pieros des Gichtigen (il Gottoso), überstand zwar die Ehe (und Lorenzo auch), doch war diese Verbindung zutiefst unglücklich. Und das, obwohl man – einem Omen gleich – bei der grandiosen Hochzeitsfeier, zu der die Zelebritäten aus halb Europa anreisten, allein einhunderttausend Gulden für Süßigkeiten ausgegeben hatte. »Fremde Heiraten« mochten die Florentiner ohnehin nicht so gerne. Clarissa sei ihm »gegeben worden«, wird Lorenzo denn auch später sagen, »mi fu data«. Er war im übrigen bei der Hochzeitsfeier gar nicht dabei, er hatte sich, einer seltsamen Sitte der Zeit entsprechend, vertreten lassen: durch den Erzbischof von Pisa.

Giorgio Vasari, Lorenzo der Prächtige.

Von Clarissa heißt es, sie sei schön, extravagant, eigensüchtig und bösartig gewesen, Lorenzo diplomatisch, klug, energievoll und total häßlich. Ihrer Verbindung entsproß der »Botschafter des Himmels«, das »Vorbild der Kirche«: Leo X.

»Moriendum est!« – Jetzt wird gestorben! Eine unfreundliche Empfehlung, die den Orsini allerdings nicht zuzuschreiben ist, sie stammt in ihrem kargen Wortlaut vielmehr von Augustus, dem Friedliebenden, der sich jedoch erst dann dazu verstand, friedliebend zu werden, nachdem er alle Rivalen hatte beseitigen lassen, die wirklichen und alle möglichen. Erst dann regierte er als »der weiseste und friedlichste Kaiser«, den die blutgewohnte Stadt je gesehen hatte, erst dann verwandelte er »Rom, eine Stadt aus Lehm, in eine Stadt aus Marmor«. Augustus, Kaiser, Imperator, Pontifex maximus, der »Erhabene und der in Frömmigkeit zu Verehrende« – der erste Hausherr des Marcellus-Theaters.

Marcellus, verheiratet mit Julia, der Tochter des Augustus, sollte dem Kaiser den vom Schicksal versagten Sohn ersetzen. Doch die Götter bestimmten es anders: Noch nicht zwanzigjährig, stirbt Marcellus. Er ist das erste Familienmitglied des Kaisers, das im neuerbauten Mausoleum am Tiberufer beigesetzt wird. Julia gerät nach seinem Tode an den mächtigen, einflußreichen Agrippa. »Bring ihn um, oder mach ihn zum Schwiegersohn!« – so Maecenas zu Augustus. Rund tausend Jahre später machen die Orsini erstmalig von sich reden, und nach noch mal siebenhundert Jahren übernehmen sie den von den Savelli erbauten Palazzo im Marcellus-Theater. Man muß einmal um das ganze Theater herumgehen, um die Weitläufigkeit dieses Palastes zu erfassen. Er ist riesig und reicht bis zur Via del Portico d'Ottavia, über den Monte Savello hinweg, der aus dem Bauschutt des umgebauten Theaters entstand.

Marcellus-Theater.

Portikus der Octavia.

Der Portico d'Ottavia ist Teil einer ehemals weitläufigen und prächtigen Tempelanlage, entstanden unter Metellus Macedonicus (149 v. Chr.), der seine reichen, aus Griechenland verschleppten Kunstschätze hier aufstellte. Augustus hat diese Anlage später erneuert und nach seiner Schwester Octavia benannt. Septimus Severus restaurierte sie ein weiteres Mal. Die große severische Inschrift auf dem Architrav nennt das Jahr: 203 n. Chr. Heute sind da nur noch die Propyläen, die Eingangshalle, ein paar einfache Säulen in ihrem traurigen Verfall. Doch hat das Ganze eine große atmosphärische Dichte, »Spuren einer Herrlichkeit und Zerstörung«, für die man sich Zeit lassen sollte. Und nicht zu vergessen die schöne Inschrift, die an den Fischmarkt erinnert, der hier früher seinen Platz hatte:

CAPITA PISCIUM HOC MARMOREO SCHEMATIS
LONGITUDINE MAIORUM USQUE AD PRIMAS
PINNAS
INCLUSIVE CONSERVATORIB DANTO
FRAUDEM NE COMITTITO
IGNORANTIA EXCUSARI NE CREDITO
ANG. CLAVARIO FRANC. CLAVIO CURTIO
SERGARDIO COSS.
INSTAURATUM AC ERRECTUM

»Die Köpfe der Fische, die länger sind als das hier im Marmor angegebene Maß, müßt ihr den Konservatoren geben bis zur ersten Flosse einschließlich. Unterstehe dich nicht, zu schwindeln; du kannst dich nicht damit entschuldigen, daß du es nicht weißt. Angelo Clavario, Francesco Clavio und Curzio Sergardi, die Konsuln, haben das bestimmt und den Stein hier errichtet.« (Bei dem angegebenen Maß handelt es sich um einen Stör.)

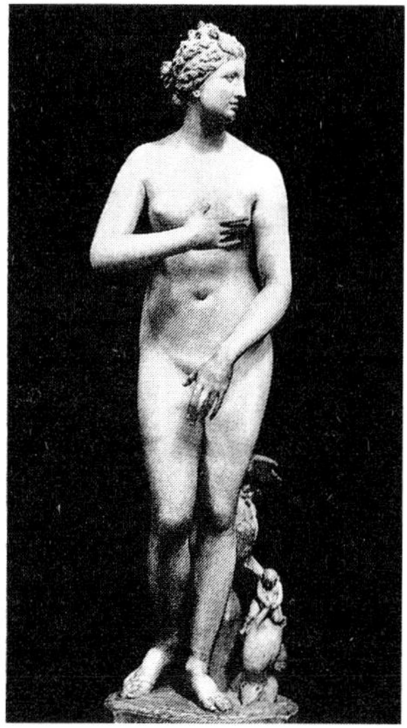

Venus von Medici.

Die Schätze des Metellus Macedonicus sind übrigens noch unter uns, zumindest ein Teil von ihnen, sie verbergen sich an die sechs bis acht Meter unter dem alten Tempel. Allerdings haben es Schatzsucher schwer, wurde doch im Laufe der Zeit das ganze Gelände mit Straßen und Häusern überbaut. Was sie erwarten würde, ist hingegen klar, die antiken Schriftsteller haben es aufgezeichnet:

Götterbildnisse und Statuen in Fülle, darunter Jupiter und Juno, die hier ihre eigenen Tempel hatten (Jupiter Stator und Juno Regina), ein Standbild des Dädalus, ein Zeus von Pasiteles, ein Pan im Kampf mit dem Olymp, eine Venus von Philiskos, Statuen des Alexander, des Philippos und der Minerva, fünfundsiebzig bronzene Statuen, geschaffen von dem berühmten Lysippos ...

Und nicht nur im Boden der Tempelanlage, auch in den überbauten Ruinenhügeln zum Tiber hin, wie auch im Tiber selbst, wird noch so manche Kostbarkeit vermutet – so etwa auch der legendäre siebenarmige Leuchter, den Titus aus dem Tempel in Jerusalem entführte. Hier wurde die schöne »Venus von Medici« gefunden, heute in den Uffizien von Florenz, ein jugendlicher Dionysos tauchte auf, eine Aphrodite entstieg den Fluten.

Schon möglich, daß der Tiber noch für mancherlei Überraschung gut ist, wenn auch vielleicht nicht mehr für die Uraltwanne, mit der einst die Zwillinge Romulus und Remus einträchtig den Fluß befuhren, nachdem man sie ausgesetzt und ihre Mutter, Rhea Silvia, die Urmutter aller Römer, ermordet hatte. Doch schnell waren sich die Stadtgründer ja uneins, wie man weiß. Romulus erschlug seinen Bruder Remus, als dieser sich über die von ihm errichtete Stadtmauer auf dem Palatin lustig machte: »So soll jeder sterben, der nach dir über meine Mauer springt!«

Die Kapitolinische Wölfin.

Palazzo Cenci.

Muttermord, Brudermord, Vatermord: längs des Tibers führt uns ein kurzer Weg zum Palazzo Cenci, »wo den Betrachter das Grauen erfaßt, gedenkt er der schönen Beatrice Cenci, des Francesco unglücklicher Tochter, der Mörderin eines ungeheuerlichen Vaters. Der Palast blickt über den Judenplatz hinweg gerade auf die Synagoge, in der an Festtagen die Psalmen und die Klagelieder der Hebräer sich hören lassen ...« (Via Santa Maria d'Calderari, Piazza Cenci).

Im Jahre 1598 ließ Beatrice Cenci im Bunde mit ihren Brüdern Giacomo und Bernardo und ihrer Stiefmutter Lucrezia Petroni ihren Vater Francesco Cenci ermorden. Ein Jahr später, am 11. September 1599, werden sie, mit Ausnahme von Bernardo, dafür vor der Engelsburg öffentlich hingerichtet.

Die Cenci waren eine alte römische Familie, die sehr vermögend war. Außer ihrem Palazzo am Tiber besaßen sie noch andere Palazzi und Villen, dazu große Ländereien und Weinberge. Als in besonderer Weise geschäftstüchtig galt der Großvater von Beatrice, Christoforo, der unter Paul V. päpstlicher Schatzmeister war und der es verstand, den Reichtum der Familie durch Grundstücksspekulationen beträchtlich zu mehren. Als Kardinal Scipione Caffarelli Borghese auf dem Pincio seine Villa errichtet und dafür weitläufiges Gelände benötigt, weiß Christoforo dies für sündhaft teures Geld zu beschaffen: das den Cenci gehörende Gelände auf dem Pincio.

Palazzo Cenci Nicht ins Bild dieser Familie paßt Francesco Cenci, dessen Herkunft nicht eindeutig geklärt ist. Entstammt er einem ›Verhältnis‹ des unverheirateten Christoforo, und wenn ja, welchem? Oder ist er am Ende gar nicht der Sohn Christoforos, sondern der »des Juden Falcione, dem Francesco doch so ähnlich sieht«? Wie auch immer, er muß ein arges Scheusal gewesen sein, dieser Francesco, brutal und gewalttätig, der, verheiratet in zweiter Ehe mit Lucrezia Petroni, seine Familie aufs äußerste drangsalierte und der sich Beatrice »in blutschänderischem Anschlag näherte«. Stendhal schreibt über ihn: »Sein Charakterbild ist abscheulich. Sein geringstes Laster war die Sodomie, sein größtes die Gottlosigkeit.« – Sodomie nannte man die Homosexualität, die als »crimen pessimum« galt und mit dem Tode bestraft wurde. Berichten des Vatikans zufolge lebte er in »so liederlicher Weise, daß er die Knaben, die immer ums Haus herum waren, zusammen mit Freudenmädchen ins Bett seiner Frau mitnahm. Nicht zufrieden damit, versuchte er mit Drohungen und Gewalt seine Tochter Beatrice zu notzüchtigen ... Er schämte sich nicht, sich zu ihr zu begeben, um sie im Bett nackt zu betrachten, oder im Haus nackt umherzugehen oder sie mit seiner Frau ins Bett zu nehmen, so daß sie bei Kerzenlicht sehen konnte, was er und seine Frau zusammen trieben. Er pflegte dem Mädchen eine ganz neue Häresie zu erzählen, daß nämlich, wenn der Vater mit der Tochter schlafe, Heilige geboren würden ...«

Guido Reni, Beatrice Cenci.

Beatrice war um diese Zeit eine junge, schöne Frau von achtzehn Jahren, ein wenig rundlich, mit langen Haaren und ausdrucksstarken Augen. Guido Reni hat sie gemalt. Ihr Bild soll im Gefängnis vor ihrer Hinrichtung entstanden sein und »ist als Kunstwerk hochbewunderungswürdig ..., doch ist es ebenso interessant als eine wahre Darstellung einer der lieblichsten Schöpfungen aus der Werkstatt der Natur ... Der Schnitt ihres Gesichtes ist außerordentlich zart; die Brauen sind hoch und gewölbt; die Lippen haben jenen dauernden Ausdruck von Einbildungskraft und Empfindung, den das Leiden nicht ausgelöscht hat und selbst der Tod nicht auslöschen zu können scheint ... In der ganzen Miene ist eine Einfachheit und Würde, die im Verein mit der ungewöhnlichen Schönheit und dem tiefen Schmerz unsagbar rührend ist. Beatrice Cenci scheint eine von jenen seltenen Personen gewesen zu sein, in denen Energie und Sanftheit beisammenwohnen, ohne einander zu zerstören ...« *Shelley*

Den lüstern-tyrannischen Francesco umzubringen war indessen ein Vorhaben der gesamten Familie – der Beatrice, wie auch ihrer Brüder und ihrer Stiefmutter. Eine geplante Entführung, der sich die Ermordung anschließen sollte, schlug fehl, desgleichen ein Giftanschlag, war doch Francesco der mit einer Giftwurzel und mit Opium präparierte Wein einfach »zu bitter«. Schließlich verfiel man darauf, ihn in seinem Bett zu töten, im Schlaf, durch gedungene Mörder. Festgelegt für die Tat wurde der »zeitige Morgen des 9. September«. Dem Tag zuvor, dem 8., hatte Lucrezia Petroni widersprochen – und einer der Mörder auch, war dieser Tag doch der Madonna von Loreto geweiht.

Francesco Cenci wurde allerdings nicht in seinem Palazzo in Rom ermordet, sondern auf Schloß La Rocca Petrella in den Abruzzen, ein öder, verlassener Kasten, der ihm von den Colonna zur Verfügung gestellt worden war und in den sich Francesco gelegentlich vor nachstellenden Gläubigern flüchtete. Mit dem Kastellan des Schlosses, dem fünfzigjährigen Olympio Calvetti, der hier mit Frau und Kind hauste, verband Beatrice ein Liebesverhältnis – und ein illegitimes Kind. Olympio Calvetti ist es denn auch, der, gemeinsam mit einem einschlägig erfahrenen Komplizen namens Marzio Catalano, dem Leben Francescos ein Ende setzt: »Am zeitigen Morgen des 9. September waren Olympio Calvetti und Marzio Catalano bereit. Beatrice prüfte, ob ihr Vater schlafe, dann ließ sie die Mörder in das Schlafgemach Francesco Cencis ein. Dort ließen die beiden Frauen sie allein. Einer der Mörder setzte einen mächtigen Nagel senkrecht auf das Auge des Greises, während der andere mit einem Hammer den Nagel tief in den Kopf des Schlafenden hineintrieb. Ebenso durchbohrte man mit einem anderen mächtigen Nagel den Hals des Sterbenden. Bett und Fußboden wurden durch das viele Blut besudelt.

Sogleich begannen die Mörder damit, einen Unfall vorzutäuschen. Sie entfernten die Nägel aus Auge und Kehle, kleideten Francesco Cenci an, schleppten ihn auf den Balkon, schlugen in den Boden des Balkons ein Loch und stürzten den Toten in die Tiefe, wo er sich in einem mächtigen Holunderbaum verfing; sie wollten so den Anschein erwecken, Francesco Cenci sei in der Nacht erwacht, um eine Notdurft zu verrichten, aufgestanden und dabei durch das Loch in die Tiefe gefallen.

Im Verhör sagte Lucrezia Cenci aus, den Sturz ihres Mannes vom Fenster aus beobachtet und aus der Tiefe den Stoßseufzer ›Gesù!‹ gehört zu haben …« *Josef Mühlberger*

Doch ward die Untat schnell erkannt. Die Cenci kamen in Haft, Beatrice und Lucrezia in den Torre di Nona, Giacomo und sein Bruder Bernardo in die Engelsburg. Das Schicksal der geflüchteten Hauptakteure: Marzio Catalano starb unter der Folter, Olympio Calvetti wurde auf der Flucht als »der wichtigste

Zeuge gegen die Cenci aus dem Weg geräumt« – auf Veranlassung von Giacomo Cenci, wie man zu wissen glaubt. Er wurde »von einem gewissen Ruffone und fünfzehn gemieteten Bravi ermordet. Sie schlugen Olympio den Kopf ab, verbargen ihn in einem Sack und flohen.«

Der Prozeß verlief äußerst sachlich. Der Verteidiger Beatrices plädierte geschickt zu ihren Gunsten, indem er immer wieder hervorhob, sie habe gegenüber Francesco ihre Ehre verteidigt – eine Haltung, die Respekt erfordere und keinesfalls mit dem Tode bestraft werden dürfe. Er verwies auf ähnliche Fälle bis hin in die Zeit der Antike, bis zu Plutarch, er erinnerte an Cyane, die ihren Vater Camnus mit einem Schwert umbrachte, als der sich an ihr verging, an Medullina, die ihren Vater Aruntius tötete, als der sie im Rausch vergewaltigte ... Vergeblich, Papst Clemens VIII., selbst ein studierter Jurist, verfügte die Hinrichtung. Milde schien ihm unangebracht. Verwandtenmorde nahmen mehr und mehr zu in der Stadt, ein Exempel war zu statuieren. Im Falle der Cenci war die Schuldfrage eindeutig geklärt, die Beteiligten hatten unter der Folter gestanden, wobei Beatrice der Tortur am längsten widerstand, erst als man sie »ad torturam capillorum« folterte, das heißt, sie an den Haaren aufhing, gab sie ihre Beteiligung am Mord ihres Vaters zu.

Über die Hinrichtung gibt Stendhal eine minutiöse Darstellung, die sich auf den Bericht eines Augenzeugen stützt, ein authentischer Bericht also, wenn auch aus zweiter Hand: »Es mochte gegen vier Uhr morgens sein, am Samstag, dem 11. September 1599, als

Die Engelsburg mit Brücke, Richtplatz der Cenci.

der Papst die letzte Entscheidung traf. Während der ganzen Nacht hatte man auf dem Platz vor der Engelsbrücke an den Vorbereitungen des grausigen Schauspiels gearbeitet ...
Um acht Uhr beichteten die beiden Frauen, hörten die Messe und empfingen die heilige Kommunion. Schon vorher hatte Beatrice die Meinung geäußert,

daß es nicht schicklich sei, in den reichen Gewändern, die sie trugen, vor allem Volk auf dem Schafott zu erscheinen. Darum ließen sie zwei Kleider anfertigen, beide wie Nonnenkleider zugeschnitten, ohne Besatz an Hals und Schultern, nur mit Falten und weiten Ärmeln. Das Kleid der Stiefmutter war aus schwarzer Baumwolle, das des Mädchens aus blauem Leinen, mit einem starken Strick als Gürtel. Man hatte auf dem Platz vor der Engelsbrücke ein großes Schafott mit einem Richtblock und einem Fallbeil errichtet. Um acht Uhr morgens trug die Bruderschaft der Misericordia ihr großes Kruzifix vor das Tor des Gefängnisses, Giacomo Cenci verließ es als erster, betete und küßte die fünf Wundmale des Kruzifixes. Ihm folgte sein Bruder Bernardo, der gleichfalls gefesselt war und ein kleines Brett vor den Augen trug. Die Zuschauermenge war ungeheuer. Alle blickten auf die beiden Brüder, als plötzlich der Fiskal von Rom vortrat und sagte: ›Signor Bernardo, der allergnädigste Herr schenkt Euch das Leben; ergebt Euch darein, Eure Verwandten zu begleiten, und betet zu Gott für ihre Seele.‹

Sogleich entfernten seine beiden Begleiter das Brett vor seinen Augen …

Zuerst holte der Henker die Signora Lucrezia Petroni; ihre Hände waren auf den Rücken gefesselt, und der Schleier war ihr von den Schultern genommen. Begleitet vom Banner der Bruderschaft erschien sie auf dem Platze, das Haupt in den schwarzen Schleier gehüllt; dort empfahl sie Gott ihre Seele und küßte die heiligen Wundmale. Dann ließ sie auf Geheiß ihre

Pantoffeln auf dem Pflaster zurück und bestieg das Schafott mit großer Beschwerde, weil sie sehr stark war. Als sie oben angelangt war, nahm man ihr den Schleier aus schwarzem Leinen, wobei sie offenbar litt, da nun Brust und Schultern entblößt waren. Sie blickte auf sich, dann auf das Fallbeil, verzog langsam die Schultern zum Zeichen der Ergebung und sagte tränenden Auges: ›Oh, mein Gott! ... Ihr aber, meine Brüder, betet für meine Seele!‹

Da sie nicht wußte, was sie zu tun hatte, fragte sie Alexander, den ersten Henker, wie sie sich benehmen solle. Er unterwies sie, sich rittlings auf das Brett des Richtblocks zu setzen. Doch schien ihr diese Bewegung gegen ihr Schamgefühl, und so brauchte sie längere Zeit, um sie auszuführen ... Als alles vorüber war, zeigte der Henker das Haupt dem Volke und hüllte es dann in den schwarzen Schleier.

Während man das Fallbeil für die Hinrichtung des jungen Mädchens instand setzte, brach ein mit Neugierigen gefülltes Gerüst in sich zusammen. Eine große Anzahl von Menschen verlor hierbei das Leben.

Nun erhob sich Beatrice Cenci, ließ ihre Schuhe am Fuß der Treppe, bestieg das Schafott, schob schnell ihren Fuß über das Brett, legte ihr Haupt unter das Fallbeil und benahm sich so gewandt, daß jede Berührung durch den Henker überflüssig wurde. Durch die Schnelligkeit ihrer Bewegung erreichte sie, daß im Augenblick, als der Schleier von ihren Schultern fiel, der Anblick ihres Halses und ihres Busens der Menge entzogen wurde. Währenddem rief sie mit lauter Stimme den Namen Jesu und der allerheiligsten Jungfrau. Der Körper zuckte heftig im Augenblick des Todes ...

Nunmehr bestieg Giacomo Cenci das Schafott. Er wurde bis zum Gürtel entkleidet, die Beine wurden auf dem Richtertisch festgebunden, der Boja ergriff mit beiden Händen eine Keule und erschlug ihn durch vier bis sechs Schläge auf seine rechte Schläfe. Dann schnitt er ihm, ein Knie auf seiner Brust, den Fuß auf seiner Stirn, den Körper auf, riß die Eingeweide heraus und verteilte sie. Um neunundeinviertel Uhr abends wurde die Leiche Beatrices, in kostbare Gewänder gekleidet und mit Blumen bedeckt, nach San Pietro in Montorio gebracht ... und vor dem Hochaltar mit der Verklärung Raffaels von Urbino begraben. Fünfzig mächtige brennende Kerzen und die gesamten Franziskaner Roms geleiteten sie zu Grabe.

Lucrezia Petroni ward um zehn Uhr abends nach San Giorgio getragen.

Die Menge, die diesem Schauspiel beiwohnte, war ungeheuer, dabei brannte an jenem Tage die Sonne so fürchterlich hernieder, daß viele Menschen in Ohnmacht fielen. Viele wurden vom Fieber ergriffen, und als schließlich gegen zwei Uhr nachts alles vorüber war und die Menge sich verlief, da waren viele erdrückt oder von Pferden niedergetreten. Die Zahl der Toten war groß ...«

Die Geschichte der Beatrice Cenci, »ihrer Verbrechen und ihrer Leiden, in die sie tätig und duldend verflochten war«, hat Dramatiker und Dichter immer wieder herausgefordert, und das oft im Sinne einer Verherrlichung. Anders dagegen die Forschung: Dank ihrer »hat die europäische Literatur ein Tragödienmotiv eingebüßt. Beatrice war eine gemeine Verbrecherin, keine tragische Heldin; ihre Geschichte beansprucht nur das Interesse eines Kriminalprozesses und entbehrt jener Elemente, die für eine Tragödie notwendig sind.« *C. v. Chlendowski*

Lange hat man geglaubt, der Palazzo Cenci fuße auf den Überresten des antiken Balbus-Theaters, des dritten und kleinsten Theaters auf dem Marsfeld, neben dem Marcellus-Theater und dem Theater des Pompejus. Doch das war nicht so. Im neugemischten Puzzlespiel der Fragmente der Forma Urbis, des marmornen Stadtplans des Septimus Severus, zeigte sich, daß das Theater des Balbus seiner Lage nach dafür nicht in Frage kam. Damit wird es für uns jedoch nicht minder interessant: Ist es nicht der Palazzo Cenci, der sich über seinen Ruinen erhebt, dann ein anderer, der Palazzo Mattei-Paganica, entstanden um 1540 nach einem Entwurf von Vignola und heute Sitz der Enziclopedia Italiana.

Zur Erinnerung: L. Cornelius Balbus der Jüngere war ein Zeitgenosse des Kaisers Augustus. In den Jahren 22-21 vor Christus lebte er als Statthalter in Afrika und kämpfte dort gegen das Volk der Garamanten. Das nach ihm benannte Theater wurde 13 v. Chr. eingeweiht.

Mit dem Namen der Mattei sind in der engeren Nachbarschaft des Balbus-Theaters gleich mehrere Paläste verbunden, gewaltige Kästen, geeignet, darin alle *Palazzi Mattei*

»Concetti des Abendlandes« unterzubringen und doch noch Platz zu finden für »Ernst, Würde und tragische Ahnungen«. Zwei von ihnen, aus der ersten Hälfte des 16. Jahrhunderts stammend, haben ihren Platz an der Piazza Mattei, dort, wo Roms schönster Brunnen zu finden ist, die Fontana delle Tartarughe, der sogenannte Schildkrötenbrunnen.
Ein weiterer Palazzo, der Palazzo Mattei di Giove, von Carlo Maderno für den reichen Asdrubale Mattei erbaut, aus dessen Sammlung die im Hof aufgestellten antiken Skulpturen stammen, findet sich an

Palazzo Mattei di Giove.

der Via dei Funari 31, Ecke Via Michelangelo Caetani, ein anderer, von Ammanati entworfen, an der Via delle Botteghe Oscure 32, der Palazzo Mattei-Caetani. Die Caetani erwarben diesen Palazzo von der Familie Negroni, die ihn wiederum von Alessandro Mattei übernommen hatten, dem Herzog von Paganica.
Und nicht genug damit. Auch auf dem Monte Caelius

waren die Mattei rege, nahe den Thermen des Caracalla: Inmitten einer schönen Parkanlage, geschmückt mit dem »Obeliscus Capitolinus«, steht dort die Villa Celimontana, von della Porta gebaut, dem »Capomaestro« von Sankt Peter, für den Kunstsammler Ciriaco Mattei (1586).

Der »Obeliscus Capitolinus«, Villa Celimontana.

Der Obelisk bezeugt, den Unbilden der Zeit wie auch dem Untergang Roms widerstanden zu haben, »gleich der Tugend«, von der es hier heißt, daß auch sie niemals untergehe. Diese schöne, stolze Basis-Inschrift des Obelisken war den schöngeistigen Mattei offensichtlich Programm. Ihre Namen stehen jedenfalls für Solidität und Verläßlichkeit. Eine Überraschung, wenn nicht ein Novum im skandalgeschüttelten Rom ihrer Zeit.

Villa Celimontana

Das änderte sich auf dem Caelius ein wenig, die Tugend und ihren Untergang betreffend, als die Villa im Jahre 1813 einen neuen Besitzer erhielt, Don Manuel Godoy, Principe de la Paz, ehemaliger Premierminister des spanischen Königs Karl IV. und Liebhaber der Königin Maria Louisa de Parma. Godoy war mit dem königlichen Paar von Spanien nach Rom gekommen, nachdem Karl IV. hatte abdanken müssen und Joseph Bonaparte neuer König in Spanien geworden war. Während sich die königlichen Flüchtlinge im Palazzo

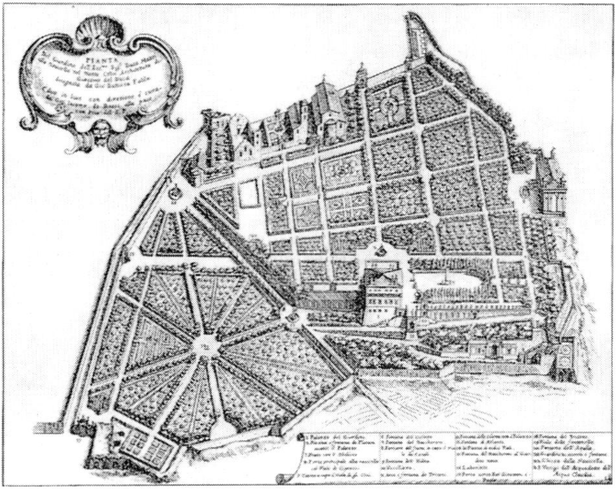

Villa Celimontana mit Gärten, Hippodrom und Obelisk.

und in der Villa Borghese niederließen, bezog Godoy die Villa Celimontana.

Im Jahre 1851 kamen die Prinzessin Marianne von den Niederlanden und Johannes von Rossum, und die Tugend sah sich erneut attackiert: Prinzessin Marianne, verheiratet mit dem Prinzen Albrecht von Preußen und Mutter dreier Kinder, hatte ihren Ehemann verlassen, um mit ihrem Geliebten, Johannes Rossum, vormals ihr Kutscher, auf Reisen zu gehen – nach Rom.

»Und vier graziöse Epheben stehn zwischen vier Delphinen und vier Schildkröten, und jeder zweite Ephebe trägt ein Efeublatt, öffentlich beschämt, und jeder andere ist schamlos nackend, und unschuldig zeigt er sich, und das ist ein hübsches Symbol für Rom, das hier sittenstreng und daneben locker ist. Im Kreise stehen beschämte Tugend und nackte Natur ...« – so der Dichter Hermann Kesten nachdenklichen Blicks vor der Fontana delle Tartarughe, in den Niederungen der Stadt.

Palazzo Caetani

Noch zu den Caetani an der Via delle Botteghe Oscure: In ihren Palazzo hatte es um die Jahrhundertwende eine Tochter aus dem ruhmreichen Hause des Helden von Lepanto verschlagen: Vittoria Colonna, verheiratet mit dem ältesten Sohn des Herzogs von Sermoneta aus dem Hause Caetani, die erste Ehe zwischen einer Colonna und einem Caetani seit 1560. Sie wohnte, dem Brauch der Zeit nach, wenn auch gegen ihren Willen, im Hause ihrer Schwiegereltern. Der Palazzo Caetani war ihr »ein sehr schönes Gebäude, doch die Dunkelheit und Düsternis innen waren niederziehend. Immer habe ich den Palazzo Caetani mit seiner düsteren Atmosphäre gehaßt«, schreibt sie.

Der Schildkrötenbrunnen.

Und Vittoria Colonna war die Namensvetterin der dichtenden Colonna – Freundin des Michelangelo. »Gewichtige Gedanken in himmlische Worte zu kleiden«, das konnte sie zwar nicht, doch dafür schrieb sie eine erfrischende, anschauliche Prosa. Folgen wir ihr in »Dunkelheit und Düsternis« ...

»Im ersten Stock, dem sogenannten ›Piano Nobile‹, wo

meine Schwiegereltern wohnten, brannte im Winter zu den Mittagsmahlzeiten ständig das elektrische Licht, und in mehreren Salons mußte man sich buchstäblich seinen Weg durch das immerwährende Halbdunkel tasten. Ich entsinne mich noch des ersten Abends, als wir nach unserer Hochzeitsreise im Palazzo Caetani eintrafen. Es dämmerte schon, es wurde Zeit für das Diner, aber nichts rührte sich in meinem Teil des Hauses. Ich saß in dem Schlafzimmer, das man mir zugewiesen hatte; das meines Mannes lag in einem anderen Stock und war durch so viele Treppen und Korridore entfernt, daß ich nie den kürzesten Weg entdeckt habe. Meine geliebte alte englische Kinderfrau, Sizy, saß bei mir. Sie war sehr ungnädig darüber, daß sie den schönen Palazzo Colonna mit allem seinem Luxus und Komfort hatte aufgeben müssen, und keineswegs gewillt, sich mit Humor in die Dinge zu finden. Schließlich, als es völlig dunkel war, sagte ich: ›Was meinst du, ob wir mal nach dem Hausmädchen klingeln, damit es uns warmes Wasser bringt?‹

Palazzo Caetani.

›In diesem Haus gibt es keine Klingel, kein Hausmädchen und kein warmes Wasser‹, war Sizys düstere Antwort, und das Komische war, daß sie absolut recht hatte …

Niemand aus der Familie meines Mannes zog sich zum Diner um, und ich glaube, ich habe in diesem ersten Winter, in dem wir alle zusammen wohnten, länger bei Tische gesessen als je wieder in meinem ganzen Leben.

Vor den Mahlzeiten ertönte eine Klingel, um uns zusammenzurufen, aber niemand dachte auch nur im geringsten daran, sich daraufhin in den Speisesaal zu bequemen, für die Caetanis bedeutete sie lediglich das Signal, daß es in nicht allzu langer Zeit etwas zu essen geben würde. Man erzählte sich, daß die Herzogin beim Klingelton zu sagen pflegte: ›Oh, ausgezeichnet, dann habe ich ja noch Zeit, in die Ställe zu gehen und nach den Pferden zu sehen!‹ So pflegten denn die Caetanis zu den Mahlzeiten zu erscheinen, wenn es ihnen gerade beliebte, und der erste (unweigerlich ich) mußte warten, bis die letzten fertig waren. Manchmal habe ich gedacht, mein armer Rücken sollte brechen. Meistens kam die Herzogin als letzte. Sie erschien in einem violetten Flanellmorgenrock und fächelte mit einem riesigen Papierfächer, was mir in Anbetracht der Eiseskälte in den Räumen etwas überflüssig vorkam. Vor jedem Familienmitglied stand ein Kranz von Gläsern mit Eingemachtem, Medizinflaschen, Sardinenbüchsen und so weiter um das Gedeck, und dieses Sammelsurium ließ an sich die einzelnen Plätze erkennen.

Palazzo Caetani. Portal.

Die Gerichte wurden von einem ungeheuer beleibten Diener mit Namen Girolamo serviert, er trug einen abgelegten Gehrock des Herzogs und hatte einen

Sprachfehler, so daß ihn niemand verstand. Er bildete die ständige Zielscheibe für das Gespött der Familie, und seine unglaublichen Dummheiten erfüllten sie alle mit reinstem Entzücken.

Der Herzog hatte stets eine sehr stark nach Knoblauch riechende besondere Bologneser Wurstart neben seinem Platz stehen, von der er dünne Scheiben abschnitt und sie als besonderen Gunstbeweis reihum seinen Familienmitgliedern zu verehren pflegte. Ich glaube, nachdem er entdeckte, daß ich diese Bologneser Wurst nicht ertragen konnte, war es mit seinem Wohlwollen für mich ziemlich vorbei. Er war sehr gescheit und gebildet und ein höchst angenehmer *causeur*, wie übrigens auch seine Kinder, so daß die Unterhaltung bei Tisch oft recht anregend und nett war. Zweimal im Laufe des Winters erschien der Herzog im Abendanzug zum Diner, das war das Zeichen, daß er später der Königinmutter seine Aufwartung machen wollte. Bei dieser Gelegenheit brachte ihm Girolamo unweigerlich eine Tasse extra starken Kaffees, die er mit den ewig gleichen Worten servierte: ›Wenn Euer Exzellenz heute abend zu Ihrer Majestät gehen, brauchen Euer Exzellenz etwas zum Wachbleiben ...«

Der Herzog, von dem uns Vittoria Colonna erzählt, daß er sehr gescheit und gebildet war, führte ein offenes Haus, Politiker, Künstler, Schriftsteller waren bei ihm gerngesehene Gäste.

Wer allerdings den Stammsitz der Caetani kennenlernen wollte, die Burg Sermoneta in den Pontinischen Sümpfen, erhielt vom Hausherrn den fürsorglichen

Hinweis: »Bitte fahren Sie auf alle Fälle hin. Aber ich fürchte, ich kann Ihnen dort keine Mahlzeit anbieten. Unser Koch in Sermoneta ist gegen Ende des 16. Jahrhunderts gestorben.«

Dem »erlauchten Herzog von Sermoneta, Don Michelangelo Gaetani«, widmete Ferdinand Gregorovius seine berühmt gewordene Lebensbeschreibung der Lucrezia Borgia, der »unseligsten Frauengestalt der modernen Geschichte«. Gregorovius:

»... Sie werden Vorfahren Ihres alten und berühmten Hauses in diesem Buche auftreten sehen, aber in nicht glücklicher Gestalt. Die Borgia sind Todfeinde der Gaetani gewesen, und diese entrannen nur mit Not dem Untergang, welchen ihnen Alexander VI. und sein schrecklicher Sohn geschworen hatten. Ihr schönes Sermoneta und alle die großen Güter in der Maritima, welche Ihr Haus seit langen Zeiten besaß, zogen die Borgia ein, und Ihre Vorfahren starben durch sie oder wanderten ins Exil. Donna Lucrezia wurde Herrin Sermonetas, dann ward ihr Sohn Rodrigo von Aragon mit den Besitzungen der Gaetani als Herzog beliehen.

Jahrhunderte sind darüber hingegangen, und so können Sie jene gewaltsamen Eingriffe in die Rechte Ihres Hauses einer schönen und unglücklichen Dame verzeihen. Auch wurde Ihre Familie bald wieder hergestellt, durch jene Bulle Julius' II., welche Sie als ein Kleinod, auch in bezug auf kalligraphische Ausführung, in Ihrem Familienarchiv bewahren. Seither blieb Ihrem Hause das Erbe ruhmvoller Väter, und Sie selbst sind es, welcher jene alten Besitzungen der

Gaetani durch eine musterhafte Verwaltung in neue Blüte gebracht hat.
Das Fortleben historischer Überlieferungen in Dingen wie in Menschen, übt in Rom einen unaussprechlichen Reiz auf jeden Freund der Geschichte aus; auf mich im besondern hat es den mächtigsten Einfluß gehabt, die Fortdauer von Charakteren geschichtlicher Vergangenheit in uralten, noch bestehenden, noch heute blühenden Geschlechtern Roms wahrzunehmen und mit diesen in persönlicher Beziehung zu sein. Ich habe das Wohlwollen der Colonna, der Orsini und der Gaetani, und alle nur wünschenswerte Förderung durch diese drei berühmten Familien der Stadt erfahren. Sie selbst waren der erste Römer, welcher mir rückhaltlos das Archiv seines Hauses öffnete, dann gab mir die gleiche Gunst der mir unvergeßliche Don Vincenzo Colonna, durch lange Jahre, bis der ehrwürdige Greis im Schloß Marino starb.
Die Gaetani, die Orsini und die Colonna waren längst vom Schauplatz der römischen Geschichte abgetreten. Ihre Familie zumal hatte dies schon seit geraumer Zeit getan. Da kam ein Tag, wo Sie, erlauchter Herzog, Ihr altes Geschlecht in die Geschichte der Stadt Rom wieder zurückführen sollten, in jenem für dasselbe ehrenvollsten Augenblick, als Sie, nach dem Sturze der tausendjährigen Herrschaft des Papsttums über Rom, an die Spitze des städtischen Regiments traten und dem König Victor Emanuel die Ergebenheitserklärung des römischen Volks nach Florenz überbrachten. Dieser denkwürdige Moment, welcher eine lange Epoche der Stadt für immer schloß und eine neue begann, wird in

der Geschichte der Gaetani mit Ihrem Namen fortleben und diesen im Erinnern der Römer unvergeßlich machen ...«

Im Umkreis der Via delle Botteghe Oscure, der Piazza Cenci und des Marcellus-Theaters liegt das alte Viertel des gegen Ende des letzten Jahrhunderts verschwundenen Ghettos, das Wohnviertel der Juden. Ihre Geschichte, ihre Leidensgeschichte, ist die des jeremiadischen Volkes, verfemt, verjagt, verfolgt.

Jahrhundertelang waren »die störrischen Söhne Israels« in Rom aufgerufen, vom falschen Glauben ihrer Väter abzulassen, brachte doch – nach Gregor XIII. – ihre immer tiefer werdende Schuld ewige Sklaverei mit sich und ewige Verdammnis. Einige der frühen Päpste ließen ihnen ihre Freiheiten, darunter Martin V., ein Colonna, der die Juden den Christen rechtlich gleichstellte. Andere nahmen ihnen alles, ließen sie rote Röcke tragen und orangenfarbene Hüte und verordneten ihren Frauen gelbe Schleier, gleich den römischen Dirnen. »Ich recke meine Hände aus den ganzen Tag zu meinem ungehorsamen Volk, das seinen Gedanken nachwandelt auf einem Weg, der nicht gut ist«, so liest es sich bei Jesaias über der Kirchentüre von S. Gregorio, an der Piazza di Monte Savello. Papst Paul IV., der Papst der Inquisition, der »fleischgewordene Zorn Gottes«, für den selbst der gutwilligste Kirchenhistoriker kein freundliches Wort hat, sperrte sie schließlich ein: Er ließ um ihr lange angestammtes Wohngebiet eine Mauer ziehen, mit bewachten Toren, die abends geschlossen und morgens geöffnet wurden. Die Ära Napoleon brachte dann wieder gewisse Erleichterungen, doch die Mauern des Ghettos fielen erst unter Papst Pius IX. Und erst das königliche Rom gab ihnen im Jahre 1870 ihre volle Freiheit wieder.

Und noch einmal werden sie aufs unmenschlichste diffamiert und verfolgt, zur Zeit der Hitler und Mussolini. Viele der Juden verlieren dabei ihr Leben, unter der Folter, in den Gaskammern, so es ihnen nicht gelang, zu fliehen oder sich zu verstecken. Einige Tausend fanden Zuflucht in Kirchen und Klöstern und konnten damit den Razzien der deutschen Besetzer und der ihrer italienisch-faschistischen Gesinnungsgenossen entkommen; doch das Grauen blieb groß.

Abgesehen von mehr unauffälligen Hilfsaktionen hielt sich Papst Pius XII. in dieser Zeit zurück, zum Erstaunen und Unverständnis vieler. Er wurde erst wieder deutlicher, als im Januar 1944 die Amerikaner mit ihren Schiffen im Norden Roms landeten und die Deutschen sich, trotz des Status der »offenen Stadt«, auf die Verteidigung einrichteten. Pius XII.: »Wer immer seine Hand gegen Rom erhebt, wird sich in der gesamten zivilisierten Welt und im ewigen Urteil Gottes des Muttermordes schuldig machen.« Daß sich Hitler hätte davon beeindrucken lassen, ist wohl nicht anzunehmen – und doch gab er Befehl, die Stadt zu räumen. »Rom als Stätte der Kultur« dürfe »nicht zum Schauplatz von Kampfhandlungen« werden, ließ er verlautbaren.

Im April 1986 besucht Papst Johannes Paul II. die Synagoge am Tiberufer, eine immer wieder »historisch« genannte Begegnung des Papstes mit den Juden

Roms. »Ihr seid unsere Lieblingsbrüder«, sagte hier der Papst, »in gewisser Weise könnte man sagen, unsere älteren Brüder«, und zitierte dabei das berühmte Dekret »Nostra aetate«, in dem das Zweite Vatikanische Konzil »den Haß, die Verfolgungen und alle Äußerungen des Antisemitismus bedauert, die gegen die Juden begangen wurden, zu jeder Zeit und von wem auch immer«.

Am 28. April 1945 werden am Comer See vor einer Villa Benito Mussolini und Claretta Petacci erschossen. Der Duce – in der Uniform eines deutschen Unteroffiziers – und seine Geliebte waren auf der Flucht. Doch italienische Widerstandskämpfer hatten sie aufgespürt, trotz ihrer Tarnung. Wenig später bringt man ihre Leichen nach Mailand und hängt sie am Dach einer Tankstelle auf, mit dem Kopf nach unten zum Zeichen der Verachtung.

Mailand: Hier wurde 1919 durch Mussolini die Bewegung di Combattimento gegründet. Es folgte der Marsch auf Rom, der 1922 zur Machtergreifung der Faschisten in Italien führte. »Entweder man vertraut uns die Regierungsgewalt an, oder wir werden sie uns nehmen, indem wir nach Rom marschieren«, dies war die Losung. Und ein vielstimmiges, begeistertes »Roma! Roma! Roma!« war ihr gefolgt.

Palazzo Venezia

Zur Residenz in Rom erkor sich Mussolini den altehrwürdigen Palazzo Venezia. Sein Arbeitszimmer, die Sala del Mappamondo, war zwei Stockwerke hoch, es war zwanzig Meter lang und zwölf Meter breit.

Palazzo Venezia. Thronend hinter einem kolossalen Schreibtisch, empfing er hier im schwarzen Cutaway (und gelben Schuhen) seine eingeschüchterten Besucher. Vom Balkon der Sala del Mappamondo hielt er seine pathetischen Reden – unter »Orgien des Jubels«. Hier erlagen die Italiener seiner theatralischen Gestik, seinem dick aufgetragenen »Sendungsbewußtsein«. Benito Mussolini, die leibhaftige Vorsehung ...

Der Palazzo Venezia mit seinem mächtigen Eckturm und dem Wehrgang über der strenggegliederten Fassade ist das erste große zivile Bauwerk der Frührenaissance in Rom. In ihm zeigt sich auf eindrucksvolle Weise der Übergang von der wehrhaften Burgarchitektur des Mittelalters zum repräsentativ-großzügigen Wohnstil der Renaissance. Die Hauptfassade des

Palazzo mit seinem schönen Portal ist der Via del Plebiscito zugewandt und nicht, wie vielfach angenommen, der Piazza Venezia. Die in den Palazzo integrierte Basilica S. Marco stammt aus dem dritten Jahrhundert.

Die Zeit seiner Entstehung ist die Zeit der sich wieder verfestigenden Herrschaft der Päpste in Rom und im Kirchenstaat – nach ihrer Rückkehr aus Avignon. 1455 begann Kardinal Pietro Barbo, der spätere Papst Paul II., mit den Bauarbeiten, 1491 ist das Werk vollendet. Doch dient der Palazzo »centro urbis« Paul II. bereits seit 1466 als Papstresidenz. (Der Lateran war zerstört, der Palast an S. Pietro noch unbewohnbar.) Im Jahre 1564 gerät der Palazzo an die Republik Venedig – von daher sein Name –, 1797 an Österreich und 1916 an den italienischen Staat.

Palazzo Venezia. Portal der Hauptfassade.

Heute beherbergt er das Institut für Archäologie und Kunstgeschichte und ein Museum für Kunst und Gewerbe. Wie so viele der zahlreichen Paläste in Rom, ist auch der Palazzo Venezia nicht immer und nicht in allen Teilen zugänglich. So sind die schönen, großen Säle ständig geschlossen, »wegen Renovierung«, wie eine sich abweisend gebende Verwaltung den Besuchern über Jahre hin glauben machen will. In Wahrheit geht es wohl eher darum, sich der Errichtung einer Kultstätte zu erwehren, eines Hausaltars, geweiht dem

Giuseppe Vasi, Palazzo Venezia mit ursprünglicher Anlage des Palazzetto.

»Apostel der Gewalt« und dem »Geist der neuen Ära«, der sich in markigen Sprüchen im Fußbodenmosaik der Sala del Mappamondo manifestiert.
Ungemach widerfuhr dem schönen Palazzetto, dem Gästehaus, er wurde zur Seite verbannt, nachdem das Denkmal des Vittorio Emanuele II. fertiggestellt worden war, der »Altar des Vaterlandes«, mit dem man die Bauwerke der Antike wie die der Päpste zu übertreffen gedachte (1911). Der Palazzetto lag ursprünglich direkt an der Piazza Venezia, parallel zu diesem Denkmal, er schloß die Piazza nach Süden ab. Der Blick von ihm ging geradewegs bis zur Porta del Popolo. Ein Logenplatz, auf den fortan Vittorio Emanuele II. und sein Pferd Anspruch erhoben.
Papst Paul II., der Bauherr, wird als ein prunkliebendes und geldgieriges Ungeheuer beschrieben. Die Tiara, die er trug, soll mehr gekostet haben als der ganze

Palazzo, nämlich einhundertachtzigtausend Gulden. Er verfügte über eine reiche Sammlung von Antiken und Juwelen, Kameen, Medaillons – Gut und Geld galten dem Sprößling eines reichen Handelshauses sicherlich nicht als anstößig. Doch hielten sich seine Extravaganzen alles in allem in Grenzen, verglichen etwa mit denen seines Nachfolgers, Sixtus IV.

Paul II. beschloß, »daß nur die Kardinäle rote Käppchen tragen dürfen. Und damit jede Generation die Möglichkeit zum Sündenerlaß habe, bestimmte er, daß nunmehr alle fünfundzwanzig Jahre das Heilige Jahr stattfinden solle. Damit nannte man das Hl. Jahr auch ›Jubilieum‹.« *Papstchronik*

Doch waren es nicht nur die roten Käppchen und das Heilige Jahr, auch der Karneval lag ihm am Herzen. Bis zu seiner Zeit hatten die Römer ihren Karneval auf dem Kapitol gefeiert und auf dem Monte Testaccio. Das wurde nun anders. Der neu errichtete Palazzo Venezia am Ende der Via Lata, wie dazumal noch der Corso hieß, und hierbei im besonderen der so trefflich plazierte Palazzetto, waren Veranlassung, das karnevalistische Treiben mit den üblichen Wettläufen auf eben diese Via Lata zu verlegen. Der Palazzo gab dabei den Anfangs- und Schlußpunkt des Spektakels ab.

»Von der Loggia seines neuen Palastes mit dem Blick auf die Via Lata beobachtete der Papst die Wettläufe, die zu den Höhepunkten des römischen Karnevals zählten.

Auf der Rennstrecke, die vom Palast bis zum Triumphbogen des Domitian reichte, traten zuerst Juden gegeneinander an; dann folgten Wettläufe zwischen jun-

Blick von der Piazza Venezia zum Corso. Im Vordergrund der Palazzo Bonaparte.

gen Christen, zwischen Männern mittleren Alters, zwischen alten Männern und schließlich zwischen Eseln und Büffeln; am Ende stand dann das mit Spannung erwartete Wettrennen der barberi, der reiterlosen arabischen Vollblütler. Die Sättel der in weiße Schmucktücher gehüllten Tiere waren mit Nägeln gespickt, Garantie dafür, daß sie ›wie wilde Geschöpfe‹ losstürmten. Ein riesiges, über die Straße gespanntes weißes Tuch fing die in vollem Galopp heransprengenden Pferde ab. Die Menschen, die in Phantasiekostümen aller Art gingen – als Nymphen oder Götter, als Zauberer oder Elfen oder in der Gewandung bekannter klassischer Helden –, flanierten im Schatten der festlich geschmückten Gebäude, von deren Fassaden Girlanden, Bänder und Zöpfe aus aneinandergeflochteten Blumen auf die aufgestellten Podien und Bankreihen hinabhingen. Am Abend bewirtete der Papst die Bürger vor seinem Palast mit köstlichen Speisen, und anschließend streute er mit beiden Händen Geld unter die Menge, die sich nach hergebrachtem Gewohnheitsrecht über die Reste des Banketts hermachte.« *Christopher Hibbert*

Paul II. galt als ein Mann des Volkes, am päpstlichen Hof dagegen eher als ein »Barbar«, ließ er doch, gemessen an seinem Vorgänger, Pius II., der sich als Wissenschaftler wie als Diplomat gleichermaßen profiliert hatte, jegliche geistige Brillanz vermissen, ja, er war nicht einmal der lateinischen Sprache mächtig. Große Aufmerksamkeit erregte sein Zusammenstoß mit dem Humanistenkreis um Pomponio Leto (auch Pomponius Laetus genannt), einer Gruppe schwärmerischer Revoluzzer, die von einer römischen Republik nach klassischem Vorbild träumte. In ihrer Accademia Romana, als deren Pontifex maximus Leto fungierte, studierten sie die Schriften der Antike, spielten sie klassische Theaterstücke und feierten, gehüllt in klassische Gewänder, heidnisch-klassische Feste (so auch den Geburtstag Roms, den 21. April). Eine Provokation an die Adresse Pauls II. Dessen Stunde schlägt, als die päpstliche Geheimpolizei einer Verschwörung gegen ihn auf die Spur kommt: Ohne Schuldbeweise, lediglich auf einen Verdacht hin, werden dafür die unbotmäßigen Heiden der Accademia Romana in Anspruch genommen. Es kommt zu drastischen Strafen ...

Eine Neuordnung Roms nach klassischem Vorbild, dies hatte sich schon Cola di Rienzi vorgenommen –

Palazzo Venezia. Mittelfenster mit »Mussolini-Balkon«, heute verdeckt durch Hinweis auf das Museo Nazionale del Palazzo di Venezia.

und für sich dabei die Rolle des Kaisers reserviert. Doch mochten ihm die Römer nicht folgen. Bei einem Volksaufstand, angezettelt vom römischen Adel – (der streitsüchtige Stefano Colonna: »Diesen Narren werfe ich aus dem Kapitolfenster!«) –, fand er 1354 den Tod. »Unter dem Jubel der Römer« wurde er an den Stufen zur Ara Coeli auf dem Kapitol erschlagen. Flucht und Verkleidung hatten ihn nicht retten können. Seinen Leichnam hängte man am Grabmal des Augustus auf. Mit dem Kopf nach unten.

Benito Mussolini gibt leicht den Dritten ab in diesem Bunde. Ungehindert, so verlangte er, solle sein Auge vom Balkon des Palazzo Venezia bis zum Kolosseum schweifen können. »In fünf Jahren muß Rom so aussehen, daß die ganze Welt es als Wunderwerk preist – kolossal, ordentlich und mächtig, wie es unter dem ersten Kaiserreich des Augustus war.«

Es wurden die Kaiserforen freigelegt. Auf der breit

angelegten Via dei Fori Imperiali paradierten die Truppen des Diktators über das »steinerne Herz und das schöne Hirn von Rom«.

Am Grab des Augustus entstanden kitschige Ehrenhallen, ähnlich denen Adolf Hitlers auf dem Königsplatz in München. Und auf der anderen Seite des Tiber führte durch den von Mussolini völlig zerstörten Borgo Vaticano die neue, sterile Via della Conciliazione pfeilgerade auf den Obelisken des größenwahnsinnigen Caligula zu.

Mussolini: »Alles Malerische ist dazu bestimmt, zusammenzubrechen und muß zusammenbrechen im Namen der Würde, der Hygiene und, wenn Sie wollen, auch der Schönheit der Hauptstadt.«

Zur »Conciliazione«, d.h. zur Versöhnung, kam es im Jahre 1929 durch die von Mussolini unterschriebenen Lateranverträge: Der Papst – es war Pius XI. – anerkannte das Königreich Italien mit der Hauptstadt Rom, der italienischen Staat anerkannte den neuen Kirchenstaat, konzidierte die Exterritorialität einer Anzahl von Basiliken und Palästen in Rom und zahlte an den Vatikan eine Abfindung von 1 750 Millionen Lire.

Doch die »Conciliazione« stand auf schwachen Füßen. Hatte Pius XI. Mussolini erst noch als einen »schicksalhaften Mann« gesehen, mit dem die Kluft zwischen Staat und Kirche zu überbrücken sei, so kam es doch schon bald zu nicht unerheblichen Problemen, wobei die faschistische Rassendiskriminierung und der Antisemitismus im Vordergrund standen. Nachdem die verschiedensten Einigungsversuche gescheitert waren, entschloß sich der Papst, die italienischen Bischöfe nach Rom einzuberufen, um vor ihnen den Faschismus und seine Auswüchse in der unheiligen Allianz der Mussolini und Hitler in aller Deutlichkeit anzuprangern.

Mussolini bemühte sich nach Kräften, diese Zusammenkunft zu verhindern. Doch der Papst blieb, trotz einer schweren Erkrankung, bei seinem Vorhaben. Vierundzwanzig Stunden vor der geplanten Eröffnungsrede erhält Pius XI. eine Injektion seines Arztes, Dr. Petacci, die sein Leiden erleichtern soll. Dr. Petacci ist der Vater von Claretta Petacci, der Geliebten des Duce. Wenig später ist der Papst tot.

Mord im Vatikan? Es fehlte nicht an Stimmen, die genau dies wissen wollten.

Die Kirche zählt Pius XI. zu den »großen« Päpsten. Seine 1937 veröffentlichte Enzyklika »Mit brennender Sorge« war eine weltweit vernehmbare Anklage gegen Hitlers Unaufrichtigkeit und die nationalsozialistische Religionspolitik. »Mit brennender Sorge und steigendem Befremden beobachten Wir seit geraumer Zeit den Leidensweg der Kirche, die wachsende Bedrängnis der ihr in Gesinnung und Tat treu bleibenden Bekenner und Bekennerinnen ...«

Kehren wir zurück zur Piazza Venezia. Noch zwei Palazzi sind hier zu nennen: der Palazzo Bonaparte (Ecke Corso), wo Napoleons Mutter während ihres römischen Aufenthaltes wohnte – der Palazzo trägt noch heute den kaiserlichen Adler –, und der Palazzo Altieri, gelegen an der Via del Plebiscito, gegenüber der berühmten Il Gesù, der Mutterkirche der Jesuiten.

Aus der Familie der Altieri stammt Papst Clemens X., mit dessen finanzieller Unterstützung 1673 der spätere Polenkönig Johann Sobieski erfolgreich der Türkengefahr widerstand. Nach dem Tode des Königs verlegte die Witwe Johanns, Maria Casimira, auf Einladung des dankbaren Papstes ihren Wohnsitz nach Rom, in den Palazzo Zuccari auf dem Pincio.
Vor dem Palazzo Altieri, einem Ungetüm, riesig wie ein Ozeandampfer, wird am 16. März 1978 der Vorsitzende der Democrazia Cristiana, der größten italienischen Regierungspartei, entführt: Aldo Moro. Die Terroristen, Angehörige der Roten Brigade in Uniformen der Alitalia, erschießen seine fünf Begleiter und verschleppen Moro in ein sicheres Versteck. Von dort schrieb er verzweifelte Briefe an seine Partei, an die Regierung und an den Papst, er bat, ihn gegen politische Häftlinge auszutauschen. Doch war man

Palazzo Bonaparte.

Palazzo Altieri.

dazu nicht bereit. Er wurde dem Prinzip der Unerpreßbarkeit geopfert – und diversen politischen und innerparteilichen Problemen und Querelen, wie sich im nachhinein erwies. Vierundfünfzig Tage nach seiner Entführung wird seine »von Kugeln perforierte Leiche« im Kofferraum eines roten Renault 4 an der Via Michelangelo Caetani gefunden, vor dem Palazzo Mattei di Giove. Moro hatte noch vor seinem Tode den Terroristen diktiert, gerichtet an die Adresse Giulio Andreottis: »... Ihnen fehlt dieses Insgesamt an Güte, Weisheit, Beweglichkeit, Klarheit, das ohne jegliche Einschränkung die wenigen christlichen Demokraten dieser Welt ausmacht. Sie gehören nicht dazu. Ich wünsche Ihnen gute Arbeit, Herr Abgeordneter Andreotti, mit Ihrer unnachahmlichen Herrschaftsgruppe.«

VI. JENSEITS DES TIBERS

Villa Farnesina
Palazzo Corsini

»Wenn jemand Gott sein Vermögen, seine Interessen, seinen Ruhm und alle Hoffnung opfert, so ist dieses Opfer groß ... Aber der Mensch, der Gott die Leidenschaft einer wahren und glühenden Liebe opfert, tut mehr; das Opfer des Lebens ist nichts dagegen!«

Königin Christine von Schweden

»Wer sich kein Gedächtnis macht, der hat nach seinem Tod kein Gedächtnis, und der Name desselbigen Menschen wird mit dem Glockenton vergessen sein.«

Kaiser Maximilian I.

Trans Tiberim, Villa Farnesina: Den Metamorphosen des erzählenden Großmeisters Lucius Apuleius, des glänzenden Rhetors und vielgereisten Sophisten, entstiegen, feiern im Hause des Agostino Chigi Amor und Psyche glanzvolle Hochzeit, hoch über der Gartenloggia, inmitten eines turbulent-vermenschlichten Götterhimmels. »Und dabei ist kein Durcheinander, und die Anordnung der Darstellung ist bewundernswert. Und was besonders einzigartig erscheint, ist das Talent Raffaels, die Figuren im Vordergrund wie im Hintergrund darzustellen, ohne sich des einfachen Kunstgriffes zu bedienen, die Farben abzuschwächen: Die Farben der Personen im Vordergrund sind ebenso intensiv wie die der Personen im Hintergrund; statt dessen hat er mit bewundernswerter Kunst Licht und Schatten abgestuft. Keine der zahlreichen Figuren sieht einer zweiten ähnlich ...« *Charles de Montesquieu*

Villa Farnesina

Raffael, der Vielgeliebte, der Heidnisch-Mystisches und Christliches so unbekümmert zu verbinden wußte, der fröhlich den menschlichen Körper malte, nach der Natur, anschaulich, nackt, der Maler der Heiligen, der entrückten Madonnen – die Fresken in der Gartenloggia der Farnesina hat er nicht gemalt, jedenfalls nicht hauptsächlich. (Monsieur de Montesquieu wird um Nachsicht gebeten.) Auf Raffael gehen zwar die Entwürfe zurück, doch ausgemalt wurden sie überwiegend von seinen Schülern Giulio Romano, Gianfrancesco Penni und Giovanno da Udine. Die

Raffael, Die drei Grazien und Amor. Fresko in der Villa Farnesina. Detail.

Kritik der Künstlerkollegen: »Eine schändliche Sache für einen großen Meister, sehr viel schlimmer als die letzten Stanza des Palazzo!« So Leonardo Sellaio in einem Brief an Michelangelo.

So harsch die Kritik an »Amor und Psyche«, so groß die Zustimmung zum »Triumph der Galatea« Raffaels, ein Werk, das gepriesen wird als höchste Veranschaulichung eines antiken Mythos. Der von zwei

Delphinen gezogene Muschelkahn der Galatea – ein »Festzug der Lebenslust, der Sinnlichkeit und Naivität«! Die meerbewohnende Nereide und ihr liebesschmachtender Polyphem, dem Odysseus mit einem glühenden Pfahl das Auge ausbrannte – hatte doch Polyphem sechs seiner gefangenen Gefährten verspeist –, haben Dichter, Maler (Poussin, Perrier) und auch Musiker, so etwa Händel, immer wieder inspiriert. Das Verhältnis der Galatea zu dem Kyklopen Polyphem erfuhr dabei mancherlei Wandlung: Theokrit beschreibt ihre Verbindung noch als ein Idyll, Komödie und Satyrspiel wandten den Stoff ins Komische (Euripides), bei Ovid wiederum endet es tragisch, Polyphem erschlägt den Geliebten der Galatea, Akis, aus dessen hervorquellendem Blut ein Fluß in Sizilien entsteht, der Fluß Akis ...

Wenden wir uns dem »reichen sanesischen Handelsmann und Verehrer vorzüglicher Menschen« zu, Agostino Chigi, dem Hausherrn: ein Mann mit ausgeprägtem Kunstverstand, ein Freund der Künstler und Humanisten seiner Zeit, ein Mann mit politischem Weitblick, ein harter Geschäftsmann auch, ein Mann, der Freundschaften und Liebschaften pflegte, ein Verschwender.

Über sein Äußeres ist zu erfahren, daß er eine »würdige Erscheinung von mittlerer Gestalt und gravitätischem Gang« war, daß er einen angenehmen Teint hatte, eine lange, gebogene Nase, mäßigen Bartwuchs, rötliches, fallendes Haupthaar und große, glänzende Augen. Merkwürdigerweise gibt es kein Porträt von ihm, was im Hinblick auf seine zahlrei-

Raffael, Der Triumph der Galatea.

chen Künstlerfreundschaften erstaunlich ist. Es existiert lediglich eine Münze, die ein Seitenprofil von ihm zeigt.

Der Bankier und Handelsmann Agostino Chigi kam aus der Toskana, aus Siena, wo seine Familie seit Generationen ansässig war und sich seit Generationen mit Geld beschäftigte. Keiner aber kam Agostino gleich: Mehr als hundert Handelsschiffe waren für ihn unterwegs. In jeder größeren Stadt Italiens hatte er Handelshäuser, in Kairo, Konstantinopel, Amsterdam und London unterhielt er prosperierende Niederlassungen. Seine Handelsgeschäfte, darunter auch der Handel mit Alaun und Salz aus den päpstlichen Salinen, hatten ihn reich gemacht. Er verlieh Geld an Christen und Heiden, an Königreiche und Republiken. Vierhunderttausend Dukaten stellte er Julius II., dem Jähzornigen, »zur Verfügung«. Der Papst verpfändete dafür seine Tiara – die er Chigi später mit Gewalt wieder abnehmen ließ. »Und das wiederholte sich noch einmal ...«

Agostino Chigi besaß etwa ein Dutzend Villen und Paläste. Doch war ihm die außerhalb der Stadtmauer gelegene Villa am Tiber – unter Baldassare Peruzzi in den Jahren 1508 bis 1511 entstanden – die liebste. Gemessen am Ausmaß und der Strenge des gegenüberliegenden Palazzo Corsini, wirkt sie leicht und beschwingt, mit einem Hauch toskanischer Noblesse versehen. In ihren frühen Tagen grenzte sie unmittelbar an den Tiber, doch die Flußregulierung Mitte des letzten Jahrhunderts drängte sie ein gutes Stück zurück. Eine mit dem Fluß parallel verlaufende Straße brachte sie schließlich ganz ins Abseits. Verschanzt hinter einem starken Eisengitter, öffnet sich die Villa jetzt nur noch zur Via della Lungara, wo dem erwartungsvollen Besucher gleich eingangs der Hinweis zuteil wird, daß das Betreten des Gartens verboten sei: »Die Pflanzen sind mit giftigen Substanzen besprüht.«

Fast vierzig Räume hat die Farnesina, was ihr nicht unbedingt anzusehen ist. Verschwenderisch ausgestattet durch die größten Künstler der Zeit, durch Peruzzi, Sebastiano del Piombo, Sodoma, Raffael, ist sie eher ein Werk der Maler, nicht der Steinmetze und der Stukkateure, ist sie »lebendiger Ausdruck des triumphierenden Humanismus und des wiedergeborenen Klassizismus« – ganz dem Programm des Agostino Chigi entsprechend.

Chigi, »ein Kaufmann im Erwerben, ein König im Ausgeben«. Seine Festmähler in der Farnesina waren legendär wie die des Lucullus auf dem Pincio. Die Geladenen, römische Nobilitäten und Zelebritäten (Hetären, Clowns und Possenreißer inklusive), speisten von goldenen und silbernen Tellern, die – so wissen es die Rom-Führer zu berichten – anschließend in den Tiber geworfen wurden. Ein amüsantes Spiel von echt römischer Prunk- und Protzsucht, aber eben nur ein Spiel. Hatte doch Chigi, der Handelsmann, zuvor im Fluß Netze auslegen lassen, die das kostbare Geschirr wieder auffingen.

Für Papst Leo X., der auf Julius II. folgte, gab Chigi ein festliches Bankett, das die stolze Summe von zweitausend Scudi gekostet haben soll. Doch dafür

Villa Farnesina. Gartenseite.

wußte man sich auch zu amüsieren: Nach den lobenden Worten des Papstes über den so prächtig ausgestatteten Speisesaal ließen die Diener auf ein Zeichen von Chigi die an Schnüren befestigten kostbaren Gobelins von den Wänden auf den Boden fallen, und der Papst sah sich samt seinem Gefolge (seiner zwei Schwestern und achtzehn Kardinälen) plötzlich im Pferdestall sitzen, den der einfallsreiche Hausherr aus Anlaß des hohen Besuches zum Speisesaal umfunktioniert hatte – zum Vergnügen des Papstes, wie glaubhaft überliefert ist, liebte doch Leo derartige Späße.

Berühmt auch das Fest, das Agostino Chigi anläßlich der Taufe seines zweiten Sohnes gab. Der Papst selbst taufte den kleinen Chigi auf den Namen Lorenzo Leone. Beim anschließenden Festmahl wußte der Gastgeber wiederum zu überraschen: Als kulinarischen Höhepunkt präsentierte er seinen illustren Gästen ein exquisit zubereitetes Gericht, bestehend aus Papageienzungen.

Am 28. August 1519 vermählte sich Agostino Chigi mit Francesca Ordeaschi, einer venezianischen Händlerstochter, mit der er bereits vier Kinder hatte. Für Chigi ist es die zweite Ehe. Seine erste Frau war verstorben, wie auch seine Geliebte, Imperia, die man Roms schönste Kurtisane nannte und von der der Dichter sang, daß Gott Mars zwar Rom das Imperium geschenkt habe, Venus aber die Imperia.

Eine andere Schöne hatte Chigi einen Korb gegeben, Margarita Gonzaga, die Tochter des Markgrafen von Mantua. Zehntausend Dukaten hatte Chigi als Morgengabe geboten, ohne selbst eine Mitgift zu fordern. Außerdem erklärte er sich bereit, dem Papstkandidaten des Markgrafen durch kräftige Unterstützung auf den Thron zu verhelfen. Vergeblich. Margarita mochte nicht – und Chigi blieb der erhoffte Aufstieg in die italienische Hocharistokratie versagt.

Die Trauung zwischen Agostino Chigi und Francesca Ordeaschi, vollzogen von Papst Leo X., fand in der Farnesina statt, in der Sala delle Prospettive des Peruzzi, im Obergeschoß. Gemäß dem Ehekontrakt, der erhalten blieb, setzte Agostino als Morgengabe für Francesca dreitausend Dukaten aus. Über die Trauungszeremonie heißt es: »Der Papst fragte das Brautpaar um sein Jawort und sprach: ›quos deus conjunxit homo non separat.‹ Agostino steckte darauf einen Trauring mit Gemme an Franciscas linken Ringfinger. Beide küßten dem Papst die Füße, vereinigten ihre rechten Hände ›in signum divinae et humanae societatis‹ und empfingen den Segen.«

Beim Festmahl fand jeder Gast in seinem Geschirr sein eigenes Wappen eingraviert. Und jedem Gast wurde sein Nationalgericht aufgetragen.

Später verliest Chigi in Zeugenschaft des Papstes und dessen Gefolges, darunter elf Kardinäle und sechs Bischöfe, sein Testament, das »kein Kaiser in so erlauchter Gesellschaft hätte aufsetzen können«. Ganz im Vordergrund seiner detaillierten Vermögensbestimmungen steht dabei die Sorge um den Erhalt der Villa am Tiber, die er seinen Söhnen Alessandro Giovanni und Lorenzo Leone zuspricht »und allen solchen, die noch geboren werden«, mit der Maßgabe, diesen Besitz niemals zu verpfänden oder zu veräußern. Seine beiden Töchter erhalten je zehntausend Dukaten, Francesca erhält das Recht der Nutznießung von Gütern im Werte von siebentausend Dukaten, dies allerdings nur unter der Voraussetzung, daß sie ein ehrbares Leben führt und ledig bleibt.

Bereits sieben Monate später stirbt Agostino Chigi (11. April 1520), nur wenige Tage nach seinem Freund Raffael. Er wurde fünfundfünfzig Jahre alt. Sein Grab erhielt er in der von Raffael entworfenen Familiengruft in S. Maria del Popolo.

»Sein Tod muß ähnliche allgemeine Trauer ausgelöst haben wie der Raffaels. Das Leichenbegängnis fand am folgenden Morgen mit all der festlichen Pracht

statt, die seinem Leben und seinem Wesen entsprach. Der lange Zug wurde von Dominikanern, Franziskanern und zahllosen Priestern mit Kerzen angeführt, darauf hundert Sienesen in weißen Kutten, ›furfanti‹ und ›corozosi‹ mit brennenden Fackeln in beiden Händen; in ihrer Mitte die kunstvoll vergoldete Bahre mit seinem einbalsamierten Leichnam. Er ruhte auf einer Decke von Goldbrokat, die eigens dafür angefertigt war und bis zur Erde reichte. Man stiftete sie dann der Kirche S. Maria del Popolo. Sein Körper war ganz in schwarzen Atlas gekleidet, die Füße trugen schwarze Samtpantoffeln. Nun folgten achtzig seiner Bediensteten in Kapuzenkutten, Sigismondo mit dem päpstlichen Advokaten Angelo Cesi und anderen Verwandten. Dann der gesamte päpstliche Hof, die Kardinäle und unzählige Römer. Man schätzte das Gefolge auf 5 000 Personen. In der Familiengruft bei S. Maria del Popolo wurde sein Leichnam in einem Sarkophag aus feinstem Marmor ›alla antiqua‹ beigesetzt, der gerade kurz zuvor vollendet worden war. Kenner taxierten ihn auf 6 000-7 000 Dukaten. Sigismondo ließ dann 1521-23 von dem Bildhauer Lorenzetti nach Raffaels Entwurf ein Grabmal ›cum scripturis, signis, archis, imaginibus et alijs necesarijs‹ errichten, dessen pyramidaler Aufbau durch Berninis Restauration nur geringe Veränderungen erfuhr.«
Christoph Luitpold Frommel

Francesca überlebte Agostino nur um ein halbes Jahr – nachdem sie kurz vor ihrem Tod noch einen dritten Sohn geboren hatte.

Hartnäckig hielt sich das Gerücht, sie sei vergiftet

Capella Chigi in S. Maria del Popolo.

worden. Und man glaube auch zu wissen, von wem, von Sigismondo, dem Bruder Agostinos, der in die Farnesina eingezogen war, um von dort die Geschäfte weiterzuführen – gegen den erklärten Willen Agostinos, der Sigismondo lediglich mit der Abwicklung der noch offenen Geschäfte betraut hatte.

Die Wünsche und Träume des Agostino Chigi gingen nicht in Erfüllung. Seine Söhne verstanden es nicht, die Villa am Tiber für sich zu erhalten. Lorenzo, der ein liederliches Leben führte und mehrfach unter Vormundschaft gestellt wurde, mußte Rom verlassen, hatte er doch »einen persönlichen Gegner« getötet.

Die geliebte Villa, die Agostino für immer mit dem Namen seiner Familie verbunden wissen wollte, geht bereits im Jahre 1580 in den Besitz der Farnese über. Von daher erklärt sich auch der Name Farnesina, sie wird zur kleinen Schwester des Palazzo auf der gegenüberliegenden Tiberseite. 1731 fällt sie an das Königshaus der Bourbonen in Neapel, wie der Palazzo Farnese.

An ihrem Wohlergehen, so scheint es, war man lange Zeit nicht sonderlich interessiert. »Einer Räuberhöhle gleich«, wurde sie zwar gelegentlich renoviert, wobei die Säulen des Peruzzi in der Sala delle Prospettive einen neuen Farbton erhielten und Raffaels Galatea mittels Nägeln eine neue Befestigung, doch gingen die Arbeiten über das Notwendigste nicht hinaus. Goethe schreibt in seiner »Italienischen Reise« am 16. Juni 1787: »Gestern war ich mit Angelika in der Farnesina, wo die Fabel der Psyche gemalt ist. Wie oft und unter wie manchen Situationen hab' ich die bunten Kopien dieser Bilder in meinen Zimmern mit euch angesehn! Es fiel mir recht auf, daß ich sie eben durch jene Kopien fast auswendig weiß. Dieser Saal oder vielmehr Galerie ist das Schönste, was ich von Dekoration kenne, soviel auch jetzt dran verdorben und restauriert ist ...«

In den Jahren 1861-1863 erfuhr die Villa, die um diese Zeit völlig unbewohnbar war, dann einige einschneidende bauliche Veränderungen durch den spanischen Botschafter in Neapel, Salvador Bermudez de Castro, der sie in neunundneunzigjähriger Erbpacht übernommen hatte. Es wurde, nach C.L. Frommel, »der

Haupteingang auf die Südseite verlegt und der Anbau des Farnesehauses gegen Norden abgetragen. Der große südliche Raum wurde durch eine Mauer unterteilt, um das rissige Gewölbe zu stützen. So entstand das heutige Vestibül, das etwa symmetrisch auf der Querachse liegt. Man versah die Hof- und Gartenmauern mit Eisengittern und reduzierte die Belvedereloggia von fünf auf drei Achsen. Der große Garten wurde in einen englischen Park verwandelt. Im Inneren erhielten das Vestibül, die Treppentonne, der kleine Gang hinter der Sala delle Prospettive, der Raum unter dem Treppenlauf und die Fensterläden eine renaissancistische Dekoration ...«
Seit 1927 ist die Villa im Besitz des italienischen Staates. Gleich dem gegenüberliegenden Palazzo Corsini hat hier die Akademie der Wissenschaften ihren Sitz, die Accademia d'Italia und das Graphische Kabinett.

Es war einmal ... – den Reigen der römischen Paläste und Villen soll eine Königin beschließen.
Sie war nicht schön, sie war nicht reich, sie hatte kein Volk, kein Schloß und keine Krone und war doch weltberühmt: Christine, Königin von Schweden. *Palazzo Corsini*
Über zwanzig Jahre lang wohnte sie im Palazzo Corsini, der dazumal noch Palazzo Riario hieß, der Farnesina gegenüber.
Die königliche Konvertitin aus dem protestantischen Norden, die wie ein bunter exotischer Vogel ins katholische Rom geflattert kam, war eine ungewöhn-

Palazzo Corsini.

liche Frau, zielstrebig, temperamentvoll und mit wachen Sinnen für die Probleme ihrer Zeit. In ganz Europa wurde über sie gesprochen, wenn auch nicht immer zu ihrem Besten. Mit ihrem Namen verbinden sich handfeste Skandale, aber auch erhebliche Verdienste um Kunst und Wissenschaft. Ihr ungewöhnliches Leben und die Motive ihres Thronverzichts haben die historische Forschung immer wieder beschäftigt.

Christine war nach dem Tode ihres Vaters Gustav Adolf als letzter Nachkomme der Wasa zur Königin von Schweden gekrönt worden. Und obwohl erst achtzehn Jahre, fand die junge Königin Anerkennung. Ihr hohes Amt »handhabte sie mit Eifer und Umsicht«, sie war ungemein lernbegierig, und »ihr Geist war höchst außerordentlich. Sie hat alles gesehen, gelesen, und sie weiß alles.«

Und doch: Christine war von Zweifeln geplagt ob

des rechten Glaubens. Die Staatsreligion ihres Landes war protestantisch, entsprechend war sie erzogen worden. Doch faszinierte sie mit zunehmendem Alter mehr und mehr der Katholizismus. »Wenn man katholisch ist«, so Christine, »hat man den Trost zu glauben, was so viele edle Geister sechzehn Jahrhunderte lang geglaubt haben: einer Religion anzugehören, die durch Millionen Wunder, Millionen Märtyrer bestätigt ist, die so viele wunderbare Jungfrauen hervorgebracht hat, welche die Schwachheiten ihres Geschlechts überwunden und sich Gott geopfert haben.«

Ihre Gewissenskonflikte diskutiert sie mit den großen Gelehrten ihrer Zeit, darunter Johannes Mathie und René Descartes, den sie selbst nach Schweden rief. Bald wird Rom auf sie aufmerksam. Den Papst erreicht eine Anfrage, ob sie einmal im Jahr das Abendmahl nach lutherischem Brauch nehmen könne. Die Antwort war: Nein! Christine: »Dann ist keine Hilfe. Ich muß die Krone aufgeben!« Im Jahre 1654 dankt sie ab. Sie behielt ihre »angeborenen Rechte«, ihren Titel, einen kleinen Hofstaat und eine Apanage. Ihre Abdankungsurkunde, versehen mit den Siegeln der dreihundertsechs schwedischen Parlamentsmitglieder, befindet sich im vatikanischen

Christine von Schweden als Kind.

Archiv. Am Grabmal Maximilians I., in der Hofkirche zu Innsbruck, legt sie öffentlich ihr katholisches Glaubensbekenntnis ab. »Ich habe nun nichts anderes mehr«, so schrieb sie an Papst Alexander VII., »das ich vor den geweihten Füßen Eurer Heiligkeit opfern könnte, als meine Person, mein Blut und mein Leben, und ich biete es Ihnen ganz und gar an, in jenem blinden Gehorsam, der Ihnen gebührt. Ich bitte Sie, über mich zu verfügen, wie Sie es am besten erachten für das Wohl unserer Heiligen Kirche, der ich ebenso wie Eure Heiligkeit als ihrem einzigen und wahren Haupte alles weihe, was mir vom Leben blieb, in dem heißesten Begehren, es ganz zu weihen und zu widmen dem höheren Ruhme Gottes.«

1655 wird Christine, die Tochter und Nachfolgerin des größten Herrschers der protestantischen Welt, in Rom von Papst Alexander und einem Aufgebot höchster kirchlicher und weltlicher Repräsentanten an der Porta del Popolo feierlich empfangen – ein Staatsakt, wie ihn die Stadt pompöser seit den Romzügen der deutschen Kaiser nicht mehr gesehen hatte.

Rom war neugierig auf sie, wie sie neugierig war auf Rom. Die großen Familien gaben sich die Ehre – festliche Empfänge wurden ihr gegeben, aufwendige, kostspielige Feste für sie inszeniert. Der Karneval in Rom wird zum »Karneval der Königin«, keine wichtige Theateraufführung, kein Konzert ohne Christine. Einen Freund und Vertrauten findet sie in Kardinal Decio Azzelino, ein brillanter Kopf, liebenswürdig, diplomatisch und wohlversiert mit den Gepflogenheiten des päpstlichen Hofes. Christine schwärmerisch: »Der größte Kardinal und größte Mensch der Welt, mit dem Geist und der Geschicklichkeit eines Dämons, der Tugend eines Engels und der Großmut Alexanders des Großen«.

War Azzelino auch ihr Liebhaber? Entsprechende Stimmen, für die das keine Frage war, wollten nie verstummen. Doch ist dies wohl eher unwahrscheinlich. Nach ihrem Tode finden sich Briefe an den Kardinal – im Ton zwar außerordentlich vertraulich und romantisch übersteigert –, die einer derartigen Annahme entgegenstehen: ». . . daß es meine Absicht ist, Ihnen niemals einen Grund zum Anstoß zu geben. Dieser Entschluß soll mich aber nicht hindern, Sie bis zum Tode zu lieben, und da Ihr Gelübde Sie davon befreit, mein Geliebter zu sein, befreie ich Sie auch davon, mein Diener zu sein. Denn ich will leben und sterben als Ihre Sklavin . . . car je veux vivre et mourir esclave.«

Wie schwer Azzelino an seinem Gelübde zu tragen hatte, bleibt indessen offen. Da war schließlich noch die schöne Olympia Aldobrandini, von der im klatschsüchtigen Rom die Rede ging, daß ihr der Kardinal völlig verfallen sei. Christine begegnete derartigen Anspielungen mit temperamentvollen Ausfällen, auch in der Öffentlichkeit. Ihren Kardinal mochte sie mit niemandem teilen.

Christine war keine Schönheit, das muß vermerkt werden. So interessant und anziehend sie sich auch zu geben vermochte, ihr Gang und ihre Gestik waren betont männlich. Und ihre Kleidung zuweilen auch. Ihr

Reitkostüm soll, einem Bericht des Vatikans zufolge, so gewöhnlich gewesen sein, daß es »nicht einmal fünf Goldscudi gekostet haben kann«. Und ihr Hemd war »von all ihren Schreibereien voller Tintenflecken und zerrissen und ausgefranst«. Christine: »Das Geschlecht des Weibes steht der Tugend und Vortrefflichkeit sehr im Wege, es ist der größte Naturfehler, den man haben kann, und fast unverbesserlich.« Tatsächlich fühlte sich Christine immer nur unter Männern wohl. Doch heiraten mochte sie nicht, »um keinen Preis«. Nur nicht »zum Acker werden für des Mannes Pflug«! Und noch: »Zum Heiraten gehört mehr Mut als zum Krieg.«

Königin Christine. Zeitgenössischer Stich.

Palazzo Corsini/Riario: Als Erbauer des Palazzo wird Francesco Riario genannt, wenngleich sich die Forschung so ganz sicher nicht ist. Francesco Riario war der Neffe Raffaello Riarios, des Erbauers der Cancelleria. Onkel Raffaello soll denn auch seinem Neffen in bewährter Manier beim Bau des Palazzo an der Via della Lungara beigestanden haben – bis er in die Engelsburg abberufen wurde.

Kardinal Azzelino gelang es, diesen Palazzo für Christine für einen bescheidenen Betrag anzumieten. Christine verfügte nur über ein unregelmäßiges Einkommen, die Apanage aus Schweden ließ oft auf sich warten, und manchmal blieb sie auch ganz aus. Trotzdem wußte sie sich standesgemäß einzurichten: Der Palazzo wurde renoviert, sie ließ ein Theater einbauen, installierte ihre umfangreiche Bildersammlung und ihre Bibliothek, aus Schweden kamen Möbel und Teppiche, und für ihren Garten registrierte im Frühjahr 1663 der römische Zoll zweihundertfünfundsiebzig Orangen- und Zitronenbäume und zweihundert Jasminpflanzen.

Ihre glanzvollen Empfänge waren in der Stadt bald so berühmt, wie ihr Theater berüchtigt, wurden hier doch nicht nur die üblichen klassischen Stücke gespielt, sondern auch deftige, frivole Komödien, die nicht selten Anstoß erregten und die den päpstlichen Hof mehr und mehr erzürnten – ungeachtet dessen, daß sich in der Loge Christines hinter halbgeschlossenem Vorhang »bis an die zehn Kardinäle« zu amüsieren wußten.

Doch auch ein Treffpunkt der »geistigen Welt« war das Haus Christines. Schon früh hatte sie die sogenannte »Accademia Reale« gegründet und dabei einen Kreis Gleichgesinnter um sich versammelt, die es verstanden, klassische Autoren im Original zu lesen, die Philosophie der Antike zu studieren und sich in lateinischer Dichtkunst zu üben. Hier wurde in vielerlei Sprachen diskutiert. Von Christine heißt es, sie habe acht Sprachen beherrscht. Aus ihrer Accademia Reale entstand später die »Arkadische Akademie«, die bis zum Jahre 1926 existierte – Christine würde es gefreut haben, hätte sie darum gewußt. Mitglieder der Arkadischen Akademie, die sich »Schäfer« nannten, waren bedeutende Künstler und Gelehrte ihrer Zeit. Auch

Palazzo Corsini.

Signore de Goethe gehörte ihr an. Er notierte in seinem Tagebuch, die Akademie sei aus Sorge um die »verschlimmerte Poesie« entstanden. Die Poesie sei »in Absicht auf die Form, die äußere Schönheit, durchaus zu tadeln gewesen, denn sie habe mit barbarischen Ausdrücken, unleidlich harten Versen, fehlerhaften Figuren und Tropen, unangemessenen Hyperbeln, Metonymien und Metaphern auch ganz und gar das Anmüthige und Süsse verscherzt ...«
Im Museo di Roma (Palazzo Braschi) an der Piazza Navona sind einige Räume dem Andenken der Arkadier gewidmet. Hier finden sich auch noch die Statuten der Accademia Reale, die Christine selbst verfaßt hat.
Doch ist es nicht nur die Kunst und die Wissenschaft und auch nicht der gesellschaftliche Glanz, der Christine umtreibt. Es ist auch die Politik, ja die gerade. Politik hat sie im Blut, mit Politik vermag sie nicht

aufzuhören. Wachen Auges reist sie durch das verfeindete Europa, konspirierend mal mit diesen, mal mit jenen Mächten. Christine: »Ganz Europa schläft! Schwedens Lethargie ist tödlich, und ich glaube, diejenige des Hauses Österreich ist von gleicher Art. Nur die Holländer sind lebendig und mächtig; England ist schwach durch sich und sein Unglück (Folgen der Diktatur Cromwells); Deutschland ist zerrissen und schlecht regiert, in seinen Entschlüssen langsam und schwächlich; Spanien ohne Rat, ohne Soldaten, ohne Führer, ohne Geld ...«

Die Spanier waren ihre Freunde nicht. Argwöhnisch beobachteten sie das »reisende Mannweib«. Spanische Jesuiten brachten Schmähschriften gegen sie in Umlauf und intrigierten heftig gegen sie am päpstlichen Hof. Christine setzte diesen Anfeindungen ihre Verachtung entgegen – und drei Kanonenkugeln: An einem Neujahrsmorgen ließ sie in aller Frühe auf der Engelsburg die schwere »spinosa« laden und beschoß damit die Villa des spanienfreundlichen Kardinals Medici. Die dritte Kugel traf das schwere Bronzetor. Christine, die Tochter des Soldatenkönigs Gustav Adolf, ließ grüßen.

Als überraschenderweise in Schweden wiederum der Thron vakant wird, signalisiert sie zum allgemeinen Erstaunen Interesse. Niemand vermag sich vorzustellen, was sie dazu bewegt. Wird man auf sie zukommen? Ein zermürbendes Hinhaltemanöver beginnt. Der polnische König, ein entfernter Verwandter von ihr, stirbt, Christine rechnet sich Chancen für dessen Nachfolge aus, doch man weist sie zurück.

Königin von Neapel, auch das wäre eine Möglichkeit. Der Weg nach Neapel aber führt über Paris, über den französischen König – und wiederum scheitert sie.
Nun wittert sie Verrat. Wurde sie bespitzelt? Hatte man ihre Pläne zu früh durchschaut, hatte man sie gar an die Spanier weitergegeben? Und schon hatte die impulsive Christine den »Verräter« ausgemacht, den Marchese Giovanni Monaldeschi, ihren Oberstallmeister. Ohne gerichtliche Untersuchung und ohne dem Beschuldigten Gelegenheit zu geben, sich zu den ungeheuren Anschuldigung zu äußern, nur ihrem eigenen Urteil vertrauend, ließ sie den Marchese hinrichten, das heißt: ermorden. Eine Stunde Zeit billigte sie dem Delinquenten zu für die Beichte und die Vorbereitung auf den Tod. Dann schnitten ihm zwei Henkersknechte die Kehle durch.
Die Schuld oder Unschuld des Marchese Monaldeschi ist nie bewiesen worden. In seinem Gepäck fanden sich Abschriften von Briefen an seine Freundin, die rein privater Natur waren. Allerdings ist in ihnen auch die Rede vom Gebrechen der Königin, von ihrem »fantasque Corps«, vor dem der Marchese einen Widerwillen hegte. (Christine hatte seit ihrer Kindheit eine leicht schiefe Schulter. Ein abstürzender Balkon hatte sie verletzt.)
Rom reagierte auf ihre Tat mit Unverständnis und Entsetzen. Die Damenwelt, erneut einen amourösen Zusammenhang witternd, grauste sich wohlig. Wer konnte sich schon erlauben, seinen Liebhaber umzubringen – öffentlich! Papst Alexander VII., der Christine doch so wohlwollte, nannte sie »eine als Bar-

barin geborene, barbarisch erzogene Frau mit barbarischen Gedanken«. Christine dazu: »Die Könige besitzen eine unumschränkte Gewalt über all ihre Untertanen. Wenn sie diese Macht mißbrauchen, sind sie nur Gott dafür verantwortlich.«

Auf Alexander VII. folgt Papst Clemens IX., ein Mann ganz nach Christines Geschmack, der ihre Liebe zur Musik und zum Theater teilt, eine verwandte Seele. Sie hatte mit Hilfe Azzelinos heftig für ihn geworben. Clemens, der Christine freundschaftlich zugetan war, gab ihr zu Ehren ein Festbankett im Palazzo Quirinale, eine vielbeachtete und, wie wir wissen, höchst ungewöhnliche Geste, die Christine damit in Rom zum zweitenmal zuteil wurde.

Ganz anders Innozenz XI., der auf das kurze, nur zweijährige Pontifikat Clemens' folgte, ein Papst von strengen moralischen Grundsätzen, der den Busen der »Madonna« von Guido Reni übermalen ließ und den nackten Statuen Feigenblätter verordnete. Christine hatte seine Wahl hintertrieben, so gut ihr das möglich war, und gehörte doch zu den ersten, die ihn dazu beglückwünschten.

Innozenz XI. gilt als die herausragende Papstgestalt des 17. Jahrhunderts. Er war kirchenpolitisch hochwirksam. Seine Heiligsprechung, 1714 eingeleitet, scheiterte an Einwänden des französischen Hofes.

Im Alter wird es um Christine ruhiger. Sie wird dick und unbeweglich, und sie bezeichnet sich schließlich selbstironisch als eine Sehenswürdigkeit Roms, als ein antikes Denkmal.

»Sie hat ein Doppelkinn, aus dem eine Anzahl Bart-

Palazzo Corsini. Alkoven der Christine.

haare sprießt, lächelt stets und ist sehr liebenswürdig«, so der französische Botschafter über sie.
»Was ihre Garderobe betrifft, so stelle man sich einen knielangen, von oben bis unten geknöpften Männerrock aus schwarzem Satin und Männerschuhe vor, anstelle einer Krawatte etliche zu einem großen Knoten geschürzte schwarze Bänder, einen Gürtel, der, in Hüfthöhe eng um den Leib geschnürt, dessen Rundlichkeit verrät.«
Christine stirbt 1689, dreiundsechzig Jahre alt.
In ihrem Sterbezimmer, der Stanza dell'Alcova (Saal VII), ist zu lesen: »Ich bin frei geboren! Ich habe frei gelebt. Ich werde frei sterben!«
Zwanzigtausend Totenmessen sollten für sie gelesen werden, so hatte sie es bestimmt. Drei Priester hatte sie dafür noch dotiert.
Ein letzter Salut, eine letzte Liebeserklärung an ihren treuen Azzelino: »Wenn jemand Gott sein Vermögen, seine Interessen, seinen Ruhm und alle Hoffnung opfert, so ist dieses Opfer groß ... Aber der Mensch, der Gott die Leidenschaft einer wahren und glühenden Liebe opfert, tut mehr; das Opfer des Lebens ist nichts dagegen.« Decio Azzelino stirbt zwei Monate später, »an derselben Krankheit, wie am selben Arzt«.
Christine wollte ein einfaches Grab, das allerdings im Pantheon. Doch Papst Innozenz XI. bestimmte es anders, »zu Ehren dieser Fürstin, die der Heiligen Kirche soviel Ehre gebracht...« Christine erhielt ihr Grab in den Katakomben des Petersdoms, zwischen Päpsten und Märtyrern.
Ein Gedenkmedaillon mit ihrem Porträt findet sich an

einem der mächtigen Pfeiler der Basilika, nahe der Pietà des Michelangelo.
Der Palazzo Riario, der Christine über so lange Jahre Heimstatt war, wird im Jahre 1736 verkauft. Neue Besitzer werden zwei Nepoten Clemens' XII.: Kardinal Adriano und Fürst Bartolomeo Corsini. Bei dieser Gelegenheit kommt es zu einer baulichen Umgestaltung bzw. Erweiterung. Doch bleibt Christines Schlaf- und Sterbezimmer, die Stanza dell'Alcova, erhalten. 1883 geht der Palazzo in den Besitz der Gemeinde bzw. der Stadt Rom über. Fürst Dominico Corsini verkaufte ihn für 2500000 Lire.
Heute ist der Palazzo Corsini Sitz der Akademie der Wissenschaften. In seiner Galleria d'Arte Antica, deren Besuch Kunstfreunden unbedingt anzuraten ist, befindet sich eine bedeutende Sammlung italienischer Barockmalerei.
Zur Zeit der ersten Napoleonischen Ära in Rom residierte im Palazzo Corsini der Botschafter des französischen Direktoriums, Joseph Bonaparte, der Bruder Napoleons, der hier glänzend Hof zu halten wußte. General Duphot fand hier den Tod. Er wurde vor dem Palazzo von päpstlichen Truppen erschossen. Pius VI. hatte man für abgesetzt erklärt und verbannt. Der »Bürger Papst« starb im französischen Exil. »Die alte Maschine wird von selbst in ihre Einzelteile zerfallen«, so Napoleon über das päpstliche Rom. Doch er sollte sich täuschen, zumindest was die nächsten hundert Jahre anging. Erst 1871 wird der letzte Papst den Palazzo Quirinale verlassen, nachdem ihm, Ironie des Schicksals, französische Truppen erst noch einmal

hineingeholfen hatten – gegen den Willen der römischen Republikaner. Auf dem Gianicolo, mit Blick zum Palazzo Corsini, findet sich in einer Parkanlage das Reiterstandbild des Giuseppe Garibaldi, der im aufständischen Rom gegen die Franzosen das Kommando führte.

»Darum erwählet mein Herz mit deiner Pinienhügel
Blühenden Gärten so gern, süßer Gianicolo, dich!«
Der Gianicolo war einst dem doppelköpfigen Janus geweiht, dem altrömischen Gott der Tore und Durchgänge, dem Anfang und Ende gegeben waren.
In San Pietro in Montorio, dort, wo der Überlieferung nach der Apostel Petrus sein Martyrium erlitt, wo er gekreuzigt worden sein soll, liegt die unglückliche Beatrice Cenci begraben, die »Mörderin eines ungeheuerlichen Vaters, in kostbare Gewänder gekleidet und mit Blumen bedeckt«, zu Grabe getragen von »den gesamten Franziskanern Roms«. Beatrice Cenci fand ihre letzte Ruhestätte unter den Stufen des Hochaltars. Ihr Schicksal, das die Menschen so rührte, lebt nach in den Schriften der Stendhal, Shelley, Dumas – hier erinnert nichts mehr an sie, kein Hinweis, keine Grabinschrift.

Januskopf. Älteste römische Münze, nach 235 v. Chr.

Die Fontana dell'Acqua Paola, den Triumphbögen der Antike nachgebildet, huldigt Paul V., PAULUS BORGHESIUS ROMANUS PONTIFEX MAXIMUS. Unter ihm, der sich »seine durch die Taufe erworbene

Unschuld fromm und keusch bewahrte«, ward Rom »mit Edelsteinen nicht sowohl geschmückt als erfüllt. In der ganzen Stadt hat er große Plätze aufgetan und sie durch Anlage neuer Gebäude noch herrlicher gemacht. Mit der Pracht seiner Paläste wetteifert die Abwechslung der Gärten, die er angelegt, in dem Innern seiner Privatkapelle glänzt alles von Gold und Silber, und es erheben sich die öffentlichen Kapellen wie Basiliken, die Basiliken wie Tempel, die Tempel wie marmorne Berge ...«

Im Kloster des Sant' Onofrio starb am 25. April 1595 Torquato Tasso, der hier, nach einem unruhigen Wanderleben, seine letzten Jahre verbracht hatte. Ein Dichter, ein Begnadeter, ein Ausgestoßener – einen Tag bevor er auf dem Kapitol mit dem Lorbeerkranz zum »poeta laureatus« gekrönt werden sollte, holte ihn der Tod.

Goethe läßt ihm in seinem Drama dennoch das höchste Glück des Dichters zuteil werden: Als Torquato Tasso dem Herzog von Ferrara sein Epos über das befreite Jerusalem überreicht, bekränzt ihn Prinzessin Leonore mit dem begehrten Lorbeer.

Einer Beichte gleich gilt Goethes Schauspiel, in dem er seinen Helden lieben und leiden läßt, »eine Beichte des Dichters [und Staatsmanns] Goethe über sein Verhältnis zur Welt«. Goethe: »Ich hatte das Leben Tassos, ich hatte mein eigenes Leben, und indem ich zwei so wunderliche Figuren mit ihren Eigenheiten zusammenwarf, entstand mir das Bild des Tasso ... Es ist die Disproportion des Talents mit dem Leben.«

Zwei Herzen in des Dichters Brust, zwei Seelen, reich an großen Worten …
»Süßer Gianicolo«, hier kann man immer noch die Wege gehen, die Christine ging. Die Gärten ihres Palazzo reichten bis hoch hinauf auf den grünen Hügel. Hier stand ein kleines, verspieltes Gebäude, ein Casino, wo Christine sich besonders gerne aufhielt und wo sie auch Gäste empfing, vorzugsweise ihre Dichterfreunde. Von hier geht der Blick an klaren Tagen bis zu den blauen Albaner und Sabiner Bergen, über den Tiber und die Stadt – über diese »vollgestellte Stadt«.
– Eine Stadt, wie keine andere!

ANHANG

LITERATURNACHWEIS

Leon Battista Alberti, Vom Hauswesen. Artemis Verlag, Zürich 1962

Hans Christian Andersen, Eines Dichters Basar. Gustav Kiepenheuer Verlag, Leipzig und Weimar 1974

Per Daniel Amadeus Atterbom, Ein Schwede reist nach Deutschland und Italien. Gustav Kiepenheuer Verlag, Leipzig und Weimar 1967

Luigi Barzini, Die Italiener. Fischer Taschenbuch Verlag, Frankfurt am Main 1977

Frédéric L. Bastet, Hinter den Kulissen der Antike. Herausgegeben von Friedrich Karl Dörner. Übersetzt von Eleonore Dörner. Verlag Philipp von Zabern, Mainz 1985

Ernst Batta: Obelisken – ägyptische Obelisken und ihre Geschichte in Rom. Insel Verlag, Frankfurt am Main 1986

Geoffrey Beard, Stuck. Die Entwicklung plastischer Dekoration. Atlantis Verlag, Zürich 1988

Nino Lo Bello, Vatikan im Zwielicht. Die unheiligen Geschäfte des Kirchenstaates. Wilhelm Heyne Verlag, München 1982

Werner Bergengruen, Römisches Erinnerungsbuch. Verlag Herder, Freiburg i. Br. 1966

Hermann Boekhoff, Gerhard Joop, Fritz Winzer (Hg.), Paläste, Schlösser, Residenzen. Zentren europäischer Geschichte. Karl Müller Verlag, Erlangen 1986

Joachim Brambach, Die Borgia. Faszination einer machtbesessenen Renaissance-Familie. Verlag Georg D. W. Callwey, München 1988

Marcel Brion, Die Medici. Eine Florentiner Familie. Wilhelm Heyne Verlag, München 1969

Peter Burke, Städtische Kultur in Italien. Verlag Klaus Wagenbach, Berlin 1986

E. R. Chamberlin, Rom. Time-Life-Bücher, Amsterdam 1976

Plutarchos von Chaironeia, Große Griechen und Römer. Übersetzt von Konrad Ziegler. Band 5. Artemis Verlag, Zürich 1960

Tano Citeroni, Xaver Schnieper, Rom. Ewige Stadt. Reich Verlag AG, Luzern 1980

Filippo Coarelli, Rom. Ein archäologischer Führer. Herder Verlag, Freiburg–Basel–Wien 1975

Das Goethe-Museum in Rom. Freies Deutsches Hochstift. Goethe-Museum, Frankfurt am Main 1973

Deutsche Künstler um Ludwig I. in Rom. Katalog der Ausstellung in der Neuen Pinakothek. München 1981

Will Durant, Kulturgeschichte der Menschheit. Glanz und Zerfall der italienischen Renaissance. Das hohe Mittelalter und die Frührenaissance. Verlag Ullstein, Frankfurt–Berlin–Wien o.J.

Kasimir Edschmid, Italien. Landschaft, Geschichte, Kultur. W. Kohlhammer Verlag, Stuttgart–Berlin–Köln–Mainz 1968

Maurizio Fagiola, Bernini. Unter Mitarbeit von Angela Cipriani. De Luca-Verlag, Rom 1981

August Franzen, Remigius Bäumer, Papstgeschichte. Verlag Herder, Freiburg–Basel–Wien 1974

Sigmund Freud, Briefe. Herausgegeben von E. und L. Freud. S. Fischer Verlag, Frankfurt am Main 1968

Egon Friedell, Kulturgeschichte der Neuzeit. C.H. Beck'sche Verlagsbuchhandlung, München o.J.

Christoph Luitpold Frommel, Der römische Palastbau der Hochrenaissance. Römische Forschungen der Bibliotheca Hertziana, Band XXI. Verlag Ernst Wasmuth, Tübingen 1973.

Christoph Luitpold Frommel, Die Farnesina und Peruzzis architektonisches Frühwerk. Verlag Walter de Gruyter, Berlin 1961

Marion Giebel, Augustus. Mit Selbstzeugnissen und Bilddokumenten. Rowohlt Taschenbuch Verlag, Reinbek b. Hamburg 1984

Johann Caspar Goethe, Reise durch Italien im Jahre 1740. Deutscher Taschenbuch Verlag, München 1986

Johann Wolfgang Goethe, Torquato Tasso. In: Goethe, Klassisches Theater. Insel Verlag, Frankfurt am Main 1982

Johann Wolfgang Goethe, Italienische Reise. II. Insel Verlag, Frankfurt am Main 1976

Goethe in Italien, auf klassischem Boden begeistert. Katalog der Ausstellung des Goethe-Museums, Düsseldorf. Anton-und-Katharina-Kippenberg-Stiftung. Verlag Philipp von Zabern, Mainz 1986

Ferdinand Gregorovius, Lucrezia Borgia. C.H. Beck'sche Verlagsbuchhandlung, München 1982

Wilhelm Heinse, Beschreibung römischer Kunstschätze. Kopenhagen 1977

Anton Henze, Rom und Latium. Kunstdenkmäler und Museen. Unter Mitarbeit von Ernest Nash und Hellmut Sichtermann. Philipp Reclam jun., Stuttgart o.J.

Christopher Hibbert, Rom. Biographie einer Stadt. C.H. Beck'sche Verlagsbuchhandlung, München 1987

Christopher Hibbert, Die Päpste. Schatzkammern und Herrschaftshäuser der Welt. Christian Verlag, München 1983

Helmut Hiller, Die Geschäftsführer Gottes. Eine kritische Geschichte der Päpste. Deutscher Taschenbuch Verlag, München 1986

Hans von Hülsen, Römische Funde. Sternstunden der Archäologie. Musterschmidt-Verlag, Göttingen–Berlin–Frankfurt am Main 1960

Hans Hünmeler, Helden und Heilige. Thomas Verlag, Kempten a. Niederrhein 1969

Hermann Kesten, Dichter im Café. Verlag Kurt Desch, Wien–München–Basel 1959

J.N.D. Kelly, Reclams Lexikon der Päpste. Philipp Reclam jun. Verlag, Stuttgart 1988

Heinrich Koch, Michelangelo. Mit Selbstzeugnissen und Bilddokumenten. Rowohlt Taschenbuch Verlag, Reinbek b. Hamburg 1966

Ivar Lissner, So lebten die römischen Kaiser. Macht und Wahn der Cäsaren. Deutscher Taschenbuch Verlag, München o.J.

Wolfgang Leppmann, Winckelmann. Ein Leben für Apoll. Fischer Taschenbuch Verlag, Frankfurt am Main 1986

Georgina Masson, Christina von Schweden. Königin zwischen Stolz und Tragik. Wilhelm Heyne Verlag, München 1968

Leonard von Matt, Franco Barelli, Rom. Kunst und Kultur der ›Ewigen Stadt‹ in mehr als 1000 Bildern. DuMont Buchverlag, Köln 1977

Charles de Montesquieu, Voyages. Bordeaux, 1896

Pascal Morché (Hg.), Rom im Gedicht. Insel Verlag, Frankfurt am Main 1989

H. von Morton, Wanderungen in Rom. Societäts-Verlag, Frankfurt am Main 1957

Bruno Moser (Hg.), Das Papsttum. Epochen und Gestalten. Südwest Verlag, München 1983

Josef Mühlberger, Berühmte und berüchtigte Frauen. Verlag Ullstein, Frankfurt am Main–Berlin–Wien 1981

Alfred Mühr, Herrscher in Purpur. Die Geschichte der Kardinäle. Econ Verlag, Düsseldorf u. Wien 1971

Museum der Villa Giulia, Katalog. Die Antikenverwaltung für Südetrurien – Rom. De Luca Editore, Rom o.J.

Neue Pinakothek, München. Katalog der Bayerischen Staatsgemäldesammlungen, München 1981

Ohne Auftrag. Zur Geschichte des Kunsthandels. Band 1. Sonderschrift der Kunstmesse »Art-Frankfurt«. 21.-26. April 1989. Walser und Wittenbrück Verlag, München 1989

Eckart Peterich, Italien II. Ein Führer. Prestel Verlag, München 1961

Eckart Peterich, Rom. Ein Führer. Prestel Verlag, München 1990

Heinrich Pleticha, Wanderer, kommst Du nach Rom. Herder Verlag, Freiburg–Basel–Wien 1986

Gerhard Prause, Die Großen wie sie keiner kennt. Econ Verlag, Düsseldorf–Wien 1967

Reinhard Raffalt, Fantasia Romana. Leben mit Rom. Prestel Verlag, München 1959

Reinhard Raffalt, Concerto Romano. Leben in Rom. Prestel Verlag, München 1972

Rom. Städte und Landschaften im Hoffmann & Campe Verlag, Hamburg. Merian, Heft 12 XXXVII

Romantik und Restauration. Architektur in Bayern zur Zeit Ludwig I. 1825-1848. Katalog des Münchner Stadtmuseums. Verlag Hugendubel, München 1987

Otto Rombach, Der goldene Meilenstein. Römische Veduten und Gestalten. Fischer Taschenbuch Verlag, Frankfurt am Main 1986

Leopold von Ranke, Die römischen Päpste. Insel Verlag, Frankfurt am Main 1986

Peter de Rosa, Gottes erste Diener. Die dunkle Seite des Papsttums. Droemer Knaur Verlag, München 1989

Peter Rühmkorf, Gesammelte Gedichte. Rowohlt Verlag, Reinbek b. Hamburg 1976

Klaus Schelle, Die Sforza. Bauern – Condottieri – Herzöge. Magnus Verlag, Essen o.J.

Horst Schlitter, Rätselhafte Lücken im Geheimarchiv des Vatikan. Kölner Stadtanzeiger, 21./22. Juli 1984

Curd Schlözer, Briefe eines Diplomaten. Paris – Petersburg – Rom – Mexiko – Washington. Ausgewählt und herausgegeben von Hans Flügel. Deutsche Verlagsanstalt, Stuttgart 1957

Isa von der Schulenburg, Der Magier und der Kardinal. Hoffmann & Campe Verlag, Hamburg 1983

Sehnsucht nach Italien. Deutsche Zeichner im Süden 1770-1830. Eine Ausstellung für Horst Keller zum 60. Geburtstag. Wallraf-Richartz-Museum, Köln 1972

Percy Bysshe Shelley, Cenci. In: Italienische Kunstwerke in Meisterbeschreibungen. Ausgewählt und erläutert von Wilhelm Wätzoldt. Eugen Diederich Verlag, Wiesbaden 1954

Herbert Alexander Stützer, Das antike Rom. DuMont Buchverlag, Köln 1979

Giorgio Vasari, Lebensgeschichten der berühmtesten Maler, Bildhauer und Architekten der Renaissance. Herausgegeben von Ernst Jaffé. Diogenes Verlag, Zürich 1980

Pier Luigi de Vecchi, Raffael. Das malerische Werk. Deutsch von Linde Dirk und Erika Schindel. Atlantis Verlag, Freiburg i. Br. 1983

Franz Peter Waiblinger (Hg.), Reise-Textbuch Rom. Deutscher Taschenbuch Verlag, München 1986

Wilhelm Waiblinger, Gedichte aus Italien. Philipp Reclam Verlag, Leipzig 1895

Josef Maximilian Wiesel, Rom. Kunst- und Reiseführer. Verlag W. Kohlhammer, Stuttgart – Berlin – Köln – Mainz 1970

Karl Alfred Wolken (Hg.), Blick auf Rom. C. Bertelsmann Verlag, München 1968

Michael Worbs, Rom. Ein Städtelesebuch. Insel Verlag, Frankfurt am Main 1988

BILDNACHWEIS

Alinari, Florenz: 71, 141, 240
Archäologisches Institut, Heidelberg: 62
Archiv für Kunst und Geschichte, Berlin: 85, 135, 206, 207, 208, 210, 301
Atlantis Verlag, Freiburg i. Br.; Archiv: 297
Ernst Batta, Brühl, Frontispiz (Palazzo Mattei di Giove, Innenhof): 43, 86, 90, 93, 126, 131, 149, 157, 159, 160, 202, 211, 225, 251, 265, 267, 274, 275, 278, 280, 283, 284, 300. Farbabbildung: 1, 6, 7, 8
Bayerische Staatsbibliothek, Handschriftenabteilung, München: 276
Bayerische Staatsgemäldesammlungen, München: 27
Bayerische Verwaltung der staatlichen Schlösser, Gärten und Seen, Museumsabteilung, Schloß Nymphenburg, München: 32
Bertelsmann Verlagsgruppe, Gütersloh: 257
Biblioteca Hertziana, Rom: 130, 148, 177, 178, 189, 190, 230/231, 306
Bildarchiv Preußischer Kulturbesitz, Berlin: 243
Joachim Blauel, Gauting: 33, 172
British Library, London: 95, 227
British Museum, London: 314
Verlag Bucher / Roloff Beny, München: 112
Bulzoni Editore, Rom: 263, 264
Caisse Nationale des Monuments Historiques et des Sîtes, Paris: Umschlag (Villa Medici): 39
Christian Verlag München: Ron Weidenhoeft / Saskia Editorial Photocolor Archives: 82/83
Dal Maso Distribuzione Edizioni Turistiche, Rom: 250
De Luca Editore, Rom: 64, 77, 78
Deutsches Archäologisches Institut, Rom: 60
Deutsches Architekturmuseum, Frankfurt: 38
DuMont Buchverlag, Köln: 146 Leonhard von Matt, 241 Herbert Alexander Stützer, 288 Leonhard von Matt
Edition Lidiarte, Berlin: 6, 165, 168, 198, 262, 266

D. Fioravanti, Rom: 66, 67
Fartelli Palombi Editori, Rom: 53
Galleria Borghese, Rom: 41, 47, 48, 49
Galleria Colonna, Rom: 132, 139
Galleria Doria Pamphili, Rom: 162, 163
Giancarlo Gasponi, Rom: 10/11, Farbabbildung 2/3
Giraudon, Paris: 180
Glyptothek, München: 87
Heyne Verlag / Robert Schezen: 153
Insel Verlag Frankfurt am Main und Leipzig, Bildarchiv: 59, 92, 119, 154, 193, 219, 220, 304
Istituto Centrale per il Catalogo e la Documentazione, Francesco Miani, Rom: 310/311
Paul Letarouilly / Prestel Verlag, Mainz: 218
Musée du Louvre, Paris: Farbabbildung 5
Musei Vaticani Edizioni Verdesi, Rom: 98
National Gallery, London: Farbabb. 4
Nationalmuseum, Neapel: 223, 234
Neue Pinakothek, Staatliche Graphische Sammlung, München: 22, 24, 29, 30, 104/105, 186 Joachim Blauel, Gauting
Toni Nicolini, Mailand: 118
Palazzo Spada, Rom: 234
Pontificia Comissione di Archeologia Sarce Città del Vaticano: 197
Réunion des Musées Nationaux, Paris: 115, 116/117
E. Richter, Rom: 46
Scala, Florenz: 81, 170, 173, 184, 201, 246, 290
Städelsches Kunstinstitut, Graphische Sammlung, Frankfurt am Main: 74/75
Süddeutscher Verlag, Bilderdienst, München: 253
Südwest Verlag, München: 174
Martin Thomas, Aachen: 44, 161, 166
Time-Life / Dan Budnik: 247
Uffizien, Florenz: 249
Giorgio Vasari, Rom: 191
Johann Joachim Winckelmann, Geschichte der Kunst des Alterthums, Dresden 1764: (Titelblatt): 96

Alte Welt und Mittelalter im insel taschenbuch

Aischylos: Prometheus in Fesseln. Zweisprachige Ausgabe. Herausgegeben und übersetzt von Dieter Bremer. Mit Hinweisen zur Deutung und Wirkungsgeschichte. it 918

Jost Amman: Frauentrachtenbuch. Mit kolorierten Holzschnitten der Erstausgabe von 1586 und einem Nachwort von Manfred Lemmer. it 717

Apuleius: Der goldene Esel. Mit Illustrationen von Max Klinger zu ›Amor und Psyche‹. Aus dem Lateinischen von August Rode. Mit einem Nachwort von Wilhelm Haupt. it 146

Augustinus: Bekenntnisse. Lateinisch und Deutsch. Eingeleitet, übersetzt und erläutert von Joseph Bernhart. Mit einem Vorwort von Ernst Ludwig Grasmück. it 1002

Joseph Bédier: Der Roman von Tristan und Isolde. Mit Holzschnitten von 1484. Deutsch von Rudolf G. Binding. it 387

Boethius: Trost der Philosophie. Zweisprachige Ausgabe. Lateinisch und deutsch. Mit einem Nachwort von Ernst Ludwig Grasmück. it 1215

Otto Borst: Alltagsleben im Mittelalter. Mit zeitgenössischen Abbildungen. it 513

Kai Brodersen: Die Sieben Weltwunder. Texte des Philon von Byzanz und anderen. Zweisprachige Ausgabe. Mit zahlreichen Abbildungen. it 1392

Giordano Bruno: Das Aschermittwochsmahl. Übersetzt von Ferdinand Fellmann. Mit einer Einleitung von Hans Blumenberg. it 548

Marcus Tullius Cicero: Von den Pflichten. Zweisprachige Ausgabe. Neu übertragen von Harald Merklin. Mit einem Nachwort von Manfred Fuhrmann. it 1273

Dante: Die Göttliche Komödie. Mit fünfzig Holzschnitten von Botticelli. Deutsch von Friedrich Freiherr von Falkenhausen. 2 Bde. it 94

Epikur: Philosophie der Freude. Briefe, Hauptlehrsätze, Spruchsammlung, Fragmente. Übertragen und mit einem Nachwort versehen von Paul M. Laskowsky. it 1057

Erasmus von Rotterdam: Das Lob der Torheit. Mit den Randzeichnungen von Hans Holbein dem Jüngeren. Übersetzt und herausgegeben von Uwe Schultz. it 369

Das Evangeliar Heinrichs des Löwen. Erläutert von Elisabeth Klemm. Mit farbigen Bildtafeln. it 1121

Aulus Gellius: Attische Nächte. Ein Lesebuch aus der Zeit des Kaisers Marc Aurel. Herausgegeben von Heinz Berthold. it 1079

151/1/8.91